Heiko Szczepanski

Für DEIN Leben

nimm all Deinen Mut

Mut **sein** Leben in die eigenen Hände zu nehmen, es zu leben und nicht von anderen leben zu lassen.

Verlagshaus Schlosser

Inhalt

Inhalt

Inhalt

Einleitung

„Das Leben ist nicht immer ein Zuckerschlecken“
„Man kann nicht alles haben“
„Das ist alles nicht so einfach“
„Das geht nicht von heute auf morgen“
„So schlecht ist es ja nicht“
oder
„Es war ja mal anders“

Kennen Sie diese Sätze?
Sind es auch Ihre Sätze und nerven diese Sie? Es mag sein, dass solche oder ähnliche Sätze alle etwas Wahrheit in sich tragen, jedoch tragen sie auch etwas davon in sich, sich Hintertürchen offen zu halten.
Hintertürchen, um eventuelles Versagen zu rechtfertigen.
Die Frage ist: Brauchen wir diese Hintertürchen wirklich?

Leider ist es häufig so, dass wir uns gerade mit solchen Sätzen beschäftigen. Vieles von dieser Beschäftigung jedoch ist nur eine Flucht vor dem, was uns wirklich beschäftigen sollte. Doch genau dafür haben wir keine Zeit mehr, da wir uns ja mit so vielem anderen beschäftigen müssen.

Spüren Sie die Ironie in diesem Satz,
erkennen Sie ***sich*** vielleicht selbst darin?

Mag sein, dass das Gesagte nicht auf Sie zutrifft, dann sind Sie ein sehr glücklicher Mensch.
Sollte das bei Ihnen so sein, dann gratuliere ich Ihnen, denn Sie scheinen alles richtig gemacht zu haben.

Dann kann dieses Buch für Sie eine Bestätigung sein.
Doch auch wenn Sie zufrieden sein sollten, aber nicht so **richtig** glücklich, so hoffe ich, dass dieses Buch Ihnen hilft, aufzuwachen und Ihren Weg zu finden.
Bitte vergessen Sie nicht, dieses Buch kann Ihnen vielleicht Ihren Weg zeigen und vielleicht auch Mut machen, doch gehen müssen Sie Ihren Weg selbst.

„Die Wahrheit ist nicht dazu da,
schön zu sein
oder gut zu tun,
die Wahrheit hat nur eine Aufgabe,
sie muss ***wahr*** *sein!“*

Keine Ausreden oder Ausflüchte mehr, die haben wir schon zu oft benutzt und sind zu lang geflohen, das haben wir schon **SO** lange gemacht, lang genug, **oder nicht**?

Bitte seien Sie ehrlich bei der Beantwortung dieser Frage?!

Schmerzt die Wahrheit auch, sie ist nun mal wahr!
Sie haben nur ein Leben, und die Zeit, die Sie weiterhin verlieren, ist verloren, Sie bekommen sie nicht wieder zurück.
Vielleicht ist dieses Buch dann eine Chance für Sie, stehen zu bleiben, sich Ihrem eigenen Leben zu stellen und es in IHRE eigenen Hände zu nehmen.

Mit diesem Buch möchte ich mich jedoch auch bedanken, zum einen bei **IHNEN**, da **SIE** dieses Buch gerade lesen und es nun wagen, Ihren eigenen Weg zu suchen und, so hoffe ich, zu finden und zu gehen.
Zum anderen möchte ich mich bedanken bei den Menschen, die mir sehr nahe stehen und geholfen haben in einer Zeit, in der ich auf meiner Flucht vor mir und meinen Gefühlen war.

Auch ich musste erst viel verlieren, bevor ich erkannte, dass meine Flucht vor mir eine Flucht vor meinem Leben und auch vor meinem Glück war.
Mein Dank geht an Begleiter meines Lebens und meinen engsten Freundeskreis, ich danke Euch. Ganz besonders möchte ich mich bedanken bei Claudia, Fahri, Gela, Karin, Sascha, Pamela, Ralf, Susanne, Markus, Rüdiger, Brigitta, Nicole, Steffi, Sabine, Beatrix, Martina, Susanne, Rene, Fr. & Hr. Respondeck und ein Dank geht auch an Mandy. Ihr wart für mich in meiner schwersten Zeit da und an alle, die hier nicht stehen, ich habe Euch nicht vergessen, trage Euch immer bei mir. **DANKE**

Mein Dank gilt auch meiner ehemaligen Lebensgefährtin Almut! **Sie** hat den Grundstein dafür gelegt, dass ich wieder schreiben konnte. Sie ist eine wundervolle Frau und zeigte mir, wie es sich anfühlen kann, zuzulassen und nicht mehr zu fliehen, und wie es ist, wenn zwei Herzen verschmelzen.
Leider bin ich erst viel zu spät wach geworden, habe weder sie noch mich verstanden.
Leider erst zu einer Zeit, als ich mich von ihr getrennt hatte.

Oft spürt man erst, was man liebt,
wenn man es bereits verloren hat.

Darum schreibe ich, um verhindern zu helfen, dass Sie vielleicht Dasselbe durchleiden müssen wie ich.

Bitte wachen Sie vorher auf,
denn glauben Sie mir, dieser Schmerz ist verdammt groß.

Sie sehen, wir sitzen vielleicht im selben Boot?!
Auch ich habe mich verlaufen, war auf der Flucht vor mir und meinen Gefühlen.
Sie brachte mich wieder dazu, mich mir zu öffnen und somit auch wieder zurück zum Schreiben. Auch wenn wir uns leider

als Paar verloren haben, so hoffe ich doch, dass, wo immer sie auch ist, sie ihren Weg findet.
Werde sie immer als **„meinen Traum“** in mir tragen und wünsche ihr viel Glück für sich und ihre beiden hübschen Kinder.

Doch soll dieses Buch nicht ein Buch über
meine Gefühle sein, darum widme ich dieses Buch
der Hoffnung und der Liebe!

KAPITEL 1

Versagen

Das Wort Versagen kann Angst machen, nicht wahr?

Dieses Wort kann Angst machen, nicht wahr?
Durch viele Gespräche habe ich festgestellt, dass die meisten Menschen die wahre Bedeutung von Versagen gar nicht kennen.

Wissen Sie, was Versagen bedeutet?
Oder wann man versagt hat?

Versagen heißt nicht, wie so oft irrtümlich angenommen, etwas nicht erreicht zu haben. Sollte ich ein Ziel nicht erreicht haben, dann bedeutet es nicht gleich, versagt zu haben, wenn man sein Bestes gegeben hat, um dieses Ziel zu erreichen.
Nehmen wir als Beispiel einen Arzt. Er ist seit 17 Stunden im Operationssaal und hat gerade seine letzte Operation erfolgreich hinter sich gebracht. Er hat sich geduscht, ist müde und im Begriff das Krankenhaus zu verlassen. Da wird ein Unfallopfer eingeliefert und noch ist kein anderer Arzt vor Ort, der helfen kann. So zieht er sich wieder um und geht zurück in den Operationssaal. Er operiert vier volle Stunden. Doch der Patient stirbt.

Hat er versagt oder nicht?

Nein, er hat nicht versagt, so hart es auch sein mag, er hat sein Bestmögliches getan, er hat getan, was in seiner Macht lag. Doch dieses Ziel, den Patienten zu retten, lag nicht mehr im Rahmen seiner Möglichkeiten.
Das Ziel war einfach zu hoch gesteckt.

Wenn Sie Ihr Bestes geben, doch Ihr Ziel nicht erreichen, dann haben Sie **nicht versagt**!
So stellt sich die Frage, ob Sie wirklich Ihr Bestes getan haben, **oder** ob das Ziel nicht zu hoch gesteckt war?!
In der Liebe trifft das jedoch nur dann zu, wenn man auch **wirklich liebt**. Liegt eine Trennung vor oder steht sie bevor, können SIE dies nur verändern, wenn zum einen beide Seiten ihr **Bestes** geben, unter der Voraussetzung, dass **wahre Liebe** bei **beiden** vorhanden ist.
Ohne Liebe ist auch das wohl Bestmögliche zum Scheitern verurteilt, man kann das Ende so nur noch in die Länge ziehen, aber nicht verhindern.

Ohne Liebe ist dieses Ziel eindeutig zu hoch gesteckt!

Bevor Sie jetzt ein Geschehnis nach dem anderen aus Ihrer Vergangenheit aufrollen, sollten Sie wohl erst das Wichtigste angehen.

Was ist wohl das Wichtigste?

Stellen Sie sich vor, in 2 Monaten hat ein sehr wertvoller Mensch Geburtstag. Sie basteln ein wunderschönes Geschenk. Dafür haben sie 2 Monate gearbeitet, geschwitzt, geflucht und doch aus vollem Herzen ihr Bestes gegeben. Nun ist es so weit, Sie klingeln bei ihr oder ihm, sie oder er macht die Tür auf und freut sich, Sie zu sehen.
Diese Freundin oder dieser Freund nimmt Ihr Geschenk entgegen und **legt es einfach zur Seite.**
Ein Schei ... Gefühl oder?

Sie sind ein Geschenk, Sie haben einen Körper und eine Seele.
Sie sind unter allen Lebewesen einmalig auf dieser Welt.
Mag sein, dass es irgendwo einen Menschen gibt, der genauso aussieht wie Sie, doch er hat nicht Ihre Seele.
Irgendetwas, nennen Sie es Gott oder Natur, hat Ihren Körper

und Ihre Seele zusammengebastelt, etwas **Einmaliges** geschaffen unter allen Lebewesen, die es auf der Welt gibt, doch Sie schauen nicht einmal hin.
Nun ja, Sie haben **sich** anscheinend noch nie als Geschenk gesehen, es ist aber so!
Das würde ich persönlich als Versagen betiteln. Aber nicht, um Sie zu verurteilen, sondern um Ihnen zu zeigen, dass dies die Vergangenheit ist. Nun sind Sie aber in der Gegenwart und können aus diesen Fehlern lernen, um Ihr eigenes Leben als Geschenk anzunehmen und nicht mehr dabei zu versagen.
Lernen Sie, Ihr eigenes Leben zu leben und nicht von anderen gelebt zu werden.
Da die meisten Probleme in der Liebe entstehen, wird auch in diesem Buch das Hauptaugenmerk darauf liegen.
Bitte denken Sie bei dem Folgenden daran, die Wahrheit nicht außer Acht zu lassen!

Ich fühle,
ich lebe,
ich liebe,
also bin ich!

Bevor Sie die nächste Geschichte lesen, bitte ich Sie, sich ein besonderes Blatt auszusuchen, von einer Blume oder von einem Baum. Bitte halten Sie es während des Lesens der nächsten Geschichte ganz fest in Ihren Händen. Es wird Ihnen vielleicht helfen.
Bitte versuchen Sie es, was haben Sie schon zu verlieren?

Ein Blatt, das fällt

Einst saß ich unter einem großen Baum. Es war Frühling und der Baum verlor seine Blätter.
Ich saß da und fragte mich, wie es kommen mochte, dass der Baum jetzt schon seine Blätter verlor. Ein alter Mann weinte, als er das sah.
Erschrocken von seiner Reaktion ging ich zu ihm und fragte: *„Ist alles in Ordnung? Kann ich etwas für Sie tun?“* Er schaute mich an und antwortete traurig: *„Nein!“* Dann schaute er wieder den Baum an.
Ratlos und hilflos fragte ich: *„Warum weinen Sie denn? Fehlt Ihnen was?“*
Ohne mich anzuschauen, setzte er sich vor den Baum und sagte: *„Nein, mir fehlt nichts. Er ist es, um den ich weine. Ihm fehlt etwas.“* Noch ratloser stand ich neben dem alten Mann und fragte: *„Was fehlt dem Baum denn?“* Ohne seinen Blick von dem Baum abzuwenden sagte er: *„Hoffnung und eine faire Chance.“*
Ich setzte mich neben den alten Mann und beobachtete ihn.
Ein Durcheinander herrschte in meinem Kopf und alles war so verwirrend.

Während ich noch versuchte, meine Gedanken zu sortieren, sagte er: *„Die Blätter. Um sie weine ich. Dieser Baum ist der Baum des Lebens, jedes Blatt, das hinabfällt, ist eine Hoffnung, die schwindet, weil ein Mensch es nicht wagt, sich zu verändern, um endlich zu leben. Siehst Du, wie kahl der Baum schon ist? Darum weine ich."*
Erschrocken sah ich ihn an, dann wieder zum Baum, der weiterhin Blätter verlor. *„Ich verstehe nicht."*
„Die Menschen laufen immer vor ihrem Glück davon. Sie haben Angst und lassen sich von der Angst leiten, leiten auf den falschen Weg. Sie meiden es, den schweren, den einzig richtigen Weg zu gehen."

Ich schaute den alten Mann an und versuchte, mir einen Reim darauf zu machen, was er meinte. *„Wann lernen wir endlich zu verstehen? Eine Chance bekommt man vom Schicksal geschenkt und wir vergeuden sie, aus Angst vor Schmerzen, ohne zu wissen, dass dies aber der größte Schmerz ist. Eine Wunde, die wir einst bekamen, sorgt dafür, dass wir uns verschließen. Wir verschließen uns aber nicht vor den Schmerzen, wie irrtümlich angenommen, sondern vor dem Leben.*
Die Menschen sind so in ihrem Selbstmitleid gefangen, dass sie vom richtigen Weg abkommen. Sie laufen vor ihrem eigenen Leben davon. Ist das nicht grausam?
Diejenigen, die plötzlich vor dem Scherbenhaufen ihres Lebens stehen und erkennen, dass sie den falschen Weg wählten, glauben, dass es schon zu spät ist, den richtigen Weg zu gehen, oder wissen aus Angst nicht mehr, wohin und verlieren sich in ihrem Schmerz. Sie ahnen nicht, dass es nicht zu spät ist, wenn sie es nur ***sofort*** *wagen. Sie ahnen nicht, dass der Schmerz* ***vergeht****, wenn sie lernen, den richtigen Weg zu gehen.*
Sie sind hilflos, haben große Angst und wissen nicht, dass es noch viel schlimmer wird, wenn sie erkennen, dass sie ihr Leben haben vorbeiziehen lassen.

Würden sie dies erkennen und sich ihrem Leben stellen, so wäre nur der **erste** *Schritt voller Schmerz.*
Würden die Menschen nur erkennen, dass dieser der einzige Weg ist aufzustehen.
Sie glauben, immer wieder aufgestanden zu sein, doch in Wahrheit haben sie es nie richtig gewagt.
Wenn das Glück vorbeigezogen ist, trauern sie ihm hinterher, dabei hat das Schicksal lange gekämpft um sie. Doch sie waren zu verschlossen, um dem Glück eine faire Chance zu geben. Sie wissen nicht, dass sie sich damit selbst einer fairen Chance beraubten. Sie versuchen dann, sich selbst zu belügen.
Ich darf ihm doch nicht weh tun – sie ist doch schon so lange bei mir – ich kann sie doch nicht einfach fallen lassen – ich hab ihn doch lieb – die Kinder – das Haus ... und noch viele Ausreden und Lügen mehr finden sie, damit sie die Wahrheit nicht sehen müssen. Selbstlügen, mit denen sie sich nur selbst verletzen.

Sie verstehen nicht, dass die Wunde, die sie sich damit selbst zufügen, viel größer ist und dafür sorgt, dass sie innerlich verbluten.
Oft sind sie hilflos und fühlen sich total durcheinander und leer, sie fühlen den Schmerz und die innerliche Verkrampfung, sie fühlen ihre eigene Trauer. Dann dauert es nicht lange, und sie bekommen wieder Angst und gehen zurück auf ihren alten Weg, den falschen Weg.

Würden sie es nur wagen, sich der Angst zu stellen, würden sie es nur **wagen***, den Schmerz zu spüren, würden sie es nur* **wagen***, sich ihrem eigenen Leben zu stellen, dann ...*
Aber sie wagen es nicht und verlieren so jede Hoffnung.
Wann verstehen sie endlich, dass sie durchhalten müssen und dass das Schicksal auf ihrer Seite ist und ihnen entgegenkommen wird.
Doch nur wenn sie es auch wagen, immer wieder aufzustehen und wenn sie es wagen, die Veränderung anzunehmen.
Das Glück würde mit und bei ihnen sein und bleiben, wenn sie

trotz aller Hindernisse nicht vom richtigen, dem schweren Weg abweichen würden.
Würden sie es nur wagen, das Glück, wenn es sich ihnen anbietet, auch anzunehmen und es festzuhalten.
***Wann** kommt der Tag, an dem sie verstehen, dass es nur an ihnen selbst liegt, ob sie jemals glücklich werden?*
*Dann kommen wieder die Lügen, sie wären doch eigentlich glücklich. **Eigentlich!***
*Jedes Blatt, das fällt **und den Boden erreicht**, ist ein verlorener Mensch. Jedes verlorene Blatt, das den Boden erreicht, ist eine verlorene Hoffnung.*
Wann verstehen sie, dass ihnen nicht viel Zeit bleibt?
Wann verstehen sie, dass sie bereits verloren sind, wenn ihre Hoffnung stirbt?
*Wann verstehen sie endlich, dass es nicht Stärke ist, Stärke zu zeigen, sondern, dass es Stärke ist, zu seinen Schwächen zu stehen und **sie auch zu zeigen**?*
Sie haben es in ihrer eigenen Händen, es liegt nur an ihnen, doch die Blätter des Baumes, sie fallen."

Gemeinsam schauten der alte Mann und ich den Baum an, der immer leerer wurde. Ich versuchte, meinen Schmerz, der sich in mir auftat, zu unterdrücken.
Ich spürte Tränen aufsteigen, doch ich drängte sie zurück.

Ein Blatt wehte der Wind genau in meine Hand.

Ich hielt es fest, schaute es an und dann schaute ich ihn an.
Er saß neben mir und weinte. *„Warum ich das alles weiß?"*

Er stand auf, drehte sich um, senkte den Kopf und sagte im Fortgehen: ***„Weil mein Blatt schon am Boden liegt."***

Nun verstand ich und weinte, als ich sah, dass ich mein eigenes Blatt in meiner Hand hielt.

Und die Blätter des Baumes, sie fallen.

Habe gefühlt und gespürt

habe innerlich geweint.
Geträumt von der heilen Welt.
Dann zweifelte ich, ob es sie je geben wird.
Dachte: Familie wäre, was man sieht,
und spürte, dass sie im Herzen entschieden wird.

Nenne Deine Eltern nur dann Dein,
wenn Dein Herz sie als solche anerkennt.
Nenne Deinen Partner nur dann Dein,
wenn Du ihn in Deinem Herzen als solchen anerkennst.
Nenne Dein Leben nur dann Dein,
wenn es **nicht** von anderen gelebt wird!

Nun spüre ich
Frieden und Harmonie,
denn jetzt weiß ich,
es gibt die heile Welt.
Wenn sie auch nicht immer im Sonnenlicht steht,
so weiß ich doch, die heile Welt ist in Dir und mir!!!

Lausche gerade dem Rauschen

und schaue Dein Bild an.
Sehe Deine Augen,
sie lassen mich nicht mehr los, sie tragen mich.
Habe keine Angst,
werde Dir nicht im Wege stehen,
werde nur im Traum in Deiner Nähe sein.
Im Glanz Deiner Augen
heben sie mich bis zu den Sternen.
Bist Du auch weit fort von mir
und weißt Du auch noch nicht, wohin Deine Reise geht,
so bleibt mir doch dieses Gefühl,
mit Dir in den Sternen zu schweben.
Nein, werde Dich nicht drängen,
werde Dich nicht halten,
werde mich aber auch nicht verschließen,
und werde doch im Herzen immer bei Dir sein.
Eine Träne von mir
wird Dich begleiten und auf Dich achten.
Sie soll Dich an den Stern erinnern,
den Du einst trugst.
Und sollte ein Stern Dich mitnehmen
auf Deiner Reise,
so werde ich Dir alles Glück dieser Erde
mit auf Deinen Weg geben.
Und sollte ein Komet
Dich aus Deiner Bahn werfen,
so wird meine Träne Dich auffangen.
Und sollte die Dunkelheit Dich umgeben,
so wird sie Dich wieder ans Licht führen.
Ich danke Dir für Deine Augen
und den Beginn **Deiner** Reise.
Wünsche Dir von Herzen,
dass Du auf Deiner Reise
DICH,
den wunderbaren Menschen erkennst,
dessen Glück ich hatte zu begegnen.
Alles Gute auf **DEINEM** Weg wünsche ich Dir,
mein Traum.

Bist Du auch noch weit

so sind meine Gedanken doch bei Dir.
Lausche der Musik und träume die ganze Zeit von Dir.
Weiß nicht, ob es Schicksal oder nur Glück war,
weiß nur, dass den Tag ich nie vergessen werde,
an dem ich Dich traf.
Du zweifelst an meinem Glauben,
Du zweifelst an meinen Gefühlen,
doch das Einzige, woran ich zweifele,
ist, meinem Traum wirklich begegnet zu sein.
Macht Liebe auch blind,
so weiß ich doch, was in meinem Herzen geschehen ist.
Mag sein, dass Du nicht perfekt bist,
mag sein, dass Du auch Makel hast,
so habe ich doch auch nicht
einen Unschuldsengel hier unten gesucht.
Glaube mir,
dass auch ich Dir nicht den Himmel herunterholen kann,
glaube mir,
dass auch ich nicht die Welt verändern kann,
aber glaube mir,
dass ich mein Herz ganz und gar in Deine Hände lege.
Möchte Dir nicht den Frieden versprechen,
möchte Dir nicht eine Zeit ohne Kampf versprechen,
doch möchte ich Dir versprechen,
Dir meine Liebe zu schenken.
Habe ich auch mein Leben
bisher für andere gelebt,
so weiß ich doch,
dass ich nicht Dein Leben leben werde.
Werde es begleiten und mein Leben neben Deinem leben.
Denke nicht nur an Dich,
denke oft an Dich für mich.
Möchte nicht mehr nur DU sagen, möchte WIR fühlen.
Nicht mehr einsam, sondern zweisam spüren.
Weiß nicht, ob Du meine Zeilen verstehen kannst, weiß nur,
dass ich Dich nicht mehr loslassen möchte.
Es stimmt, dass ich Dich nicht kenne,
doch weiß ich, wer Du bist.

KAPITEL 2

Warum trennen sich Paare?

Warum ist die Liebe so häufig ein Problem?

Diese Fragen, wie oft sind sie schon gestellt und nicht beantwortet worden?!

Zum einen kann es sein, dass die Liebe nicht mehr da ist, falls sie überhaupt je da war, doch habe ich in all den Jahren und in vielen Gesprächen festgestellt, dass die meisten Paare weder reden noch hören können.

Besonders das Hören haben sie verlernt.

Dieses Kapitel soll den Beginn einer Veränderung einleiten und die Grundlage bilden, durch die sich die weiteren Kapitel besser verstehen lassen.

Die meisten Menschen mögen keine Veränderungen in ihrem Leben. Jedoch geschieht jede Sekunde eine Veränderung, jede Sekunde gibt es nur einmal, und somit ist jede neue Sekunde anders. Ich kann mich zwar dagegen wehren, aber ich kann es nicht verhindern. Ich kann jedoch lernen, damit umzugehen.

Veränderung ist das Wagnis, zu leben.

Es geht in diesem Kapitel um **das Hören**. Ich behaupte, dass das Hören der wichtigste Sinn für den Menschen ist, um **zu Leben**. Das heißt nicht, dass alle anderen Sinne unwichtig wären, jedoch möchte ich hier auf das wohl **Wichtigste** im Leben eingehen, um zu Leben und nicht einfach nur zu überleben.

Ich möchte Ihnen die mit dem Hören verbundenen Aufgaben

nahe bringen und dafür greife ich auf eine Studie von Behrendt zurück.
Nach Gesprächen mit Ärzten, die in wissenschaftlichen Untersuchungen später bestätigt wurden, behauptete er:

„Das Wichtigste ist der Gehörgang."

Als wir noch nicht geboren waren und unsere Mütter mit uns ungefähr im fünften Monat schwanger waren, da existierte im Fötus bereits ein komplett ausgewachsenes Organ.
Es war damals schon so groß wie es heute ist:
der Gehörgang. Er war schon im Mutterleib komplett ausgebildet und funktionstüchtig, während die anderen Organe, wie z. B. das Herz oder das Gehirn, noch im Wachstum waren.
Was will die Natur damit bezwecken, dass die Kinder schon im Mutterleib HÖREN können?
An die Mütter unter Ihnen: Können Kinder im Mutterleib hören? *Und was hören sie?*
Das Gluckern im Bauch, das Schlagen des Herzens, doch auch die Liebe. Sie sind des Denkens noch nicht mächtig, aber sie hören schon. Die Mütter unter Ihnen werden dies bestätigen.
Einen weiteren Hinweis, der dies bestätigt, finden wir im medizinischen Bereich.
Ärzten wird in ihrem Praktikum bei Obduktionen untersagt, Witze über die vor ihnen Liegenden zu machen. Dafür mag es mehrere Gründe geben, doch einer ist, dass die Toten noch hören können.
Im tibetischen Buch des Todes heißt es:

„Aufhören zu hören heißt, aufhören zu sein."

Ärzte bestätigen, dass das letzte Organ, das im Tode funktionstüchtig bleibt, der Gehörgang ist.
Wir wissen nicht, was die Verstorbenen noch hören oder was sie mit dem Gehörten anfangen, aber sie hören noch.
Fazit: Das Erste und auch das Letzte, was wir selbständig können, ist ***hören***. *Weshalb ist das so?*

Wir sollen lernen zu hören!?!

Nun werden viele behaupten, sie können hören. Ich behaupte, dass dies häufig ein Irrtum ist.

Können SIE hören?

Ich möchte Ihnen das Hören näher bringen, darum möchte ich einen Test mit Ihnen machen. Eine Geschichte soll verdeutlichen, ob Sie hören können oder nicht. Wer hören kann, versteht diese Geschichte. Wer sie nicht direkt versteht, hat lediglich herausgefunden, dass er noch etwas lernen sollte, was er für selbstverständlich hielt.

Ein chinesischer Kaiser befahl seinem Boten *„Ziehe in die Welt hinaus und sammle alles Wichtige für unseren Fortschritt und vor allem für unser Volk. Ich möchte das Wichtigste wissen."*
Der Bote tat, wie ihm befohlen.
Er kam erst nach vielen Jahren wieder und der Kaiser befahl ihn zu sich.
„Du warst lange fort, nun berichte. Ich habe mir einen ganzen Tag für Dich Zeit genommen. Ich möchte das Wichtigste erfahren."
Der Bote verneigte sich und holte aus seiner Tasche, die er immer bei sich trug, eine kleine Querflöte heraus, spielte einen einzigen Ton auf dieser Querflöte, packte sie wieder ein, verneigte sich und ging.
Der Kaiser musste erst sehr alt werden, bevor er verstand, was der Bote ihm gesagt hatte.
Wer hören kann, der versteht, was der Bote dem Kaiser sagen wollte.
Wer die Mitteilung des Boten noch nicht verstanden hat, dem sollte die zweite Geschichte eine Hilfe sein.

In einem großen Orchester spielte ein junger Mann Cello. Er war verheiratet und spielte so gut Cello wie kein anderer.

Er spielte alle Stücke mit seinem Cello in den schönsten Tonlagen.
Seine Frau war immer begeistert und verzaubert von seiner Kunst. Doch je älter er wurde, umso weniger Töne spielte er, und im hohen Alter spielte er nur noch einen einzigen Ton, stunden- und tagelang.
Eines Tages ging seine Frau in ein Konzert mit einem neuen Orchester. Sie kam freudestrahlend nach Hause und sagte zu ihrem Mann: „Du, das Orchester war einfach wundervoll und die Cellospieler erst. Es spielte so wunderschön, sie spielten die Musik in den schönsten Tonlagen, und Du spielst immer nur diesen einen verdammten Ton stunden- und tagelang."
Er lächelte und erwiderte:
„Sie suchen ihn noch, sie haben ihn noch nicht gefunden."

Nun, kommen Sie der Sache schon näher?
Können SIE hören?

Denen, die noch nicht weiter kommen, sei gesagt, dass sie sich in guter Gesellschaft befinden.
Die letzte Geschichte zum Thema Hören soll dies noch stärker verdeutlichen. Dabei sollte man wissen, dass Zen-Meister die großen Weisen aus den ostasiatischen Ländern sind. Sie stehen nicht mit Tat, jedoch mit Rat zur Seite.
Der Kaiser hatte die größte Macht in China, er entschied über Leben und Tod. Ein Zen-Meister jedoch hatte das größte Ansehen.
So kam es, dass ein Kaiser immer zu einem Meister ging um ihm seine Ehrerbietung zu erweisen. Wichtig dabei ist auch, dass Zen-Meister nicht nach Materiellem oder Macht streben, sie streben nach Wissen und Weisheit, sie streben *nach dem Weg des Lebens.*
Diese Geschichte beruht auf einer alten Überlieferung und handelt von einem jungen Kaiser, der von einem angeblichen Zen-Meister in seinem Land erfuhr. *„Ein Zen-Meister in meinem Land,*

und ich erfahre das erst jetzt? Ich muss ihm meine Ehrerbietung erweisen." Gesagt, getan, und so zog der Kaiser mit seinem Gefolge los, um das Dorf des angeblich so weisen Mannes zu erreichen. Vier Dörfer vor dem Dorf des angeblich so weisen Mannes kamen dem Kaiser Zweifel über die Informationen seiner Boten. Er entschied sich, ohne Gefolge in das Dorf des angeblich so weisen Mannes zu ziehen und verkleidete sich als Kaufmann. *„Ich will diesen angeblich so weisen Mann beobachten, ob er auch weise sei und ist er weise, so erweise ich ihm meine Ehrerbietung, ist er jedoch nicht weise, so hat er sein Leben verwirkt."*

So geschah es. Der Kaiser hatte Glück, denn gegenüber dem Haus des angeblich so weisen Mannes war ein Gasthof, dort quartierte sich der Kaiser ein. Er beobachtete den angeblich so weisen Mann. Was tat dieser? Er trank, er aß, er hackte Holz, legte das Holz zusammen, las, schrieb, unterhielt sich mit Menschen, ging spazieren und schlief. Der Kaiser, der all dies beobachtete, meinte: *„Nein, dieser Mann ist nicht weise, er hat nichts Weises getan. Doch vielleicht ist er ja so weise, dass er heute seinen freien Tag hat. Ich werde ihn morgen wieder beobachten."*

Was geschah am zweiten Tag? Der angeblich so weise Mann trank, aß, er hackte Holz, legte das Holz zusammen, las, schrieb, unterhielt sich mit Menschen, ging spazieren und schlief. Der Kaiser meinte *„NEIN, dieser Mann ist nicht weise, doch halt ... vielleicht ist er ja so weise, dass er zwei freie Tage hat. Ich werde ihn morgen nochmals beobachten und tut er dann nichts Weises, so hat er sein Leben verwirkt."*

Doch am dritten Tag geschah nichts anderes als an den ersten beiden Tagen. Der Kaiser, enttäuscht von seinen Beobachtungen, sagte: *„Ich gehe morgen früh zu ihm hinüber und dann muss etwas Besonderes passieren, sonst wird er sein Leben verlieren."*

Am nächsten Morgen ging der Kaiser hinüber und sprach den angeblich so weisen Mann an: *„Man sagt, Sie sind ein weiser Mann"*. *„Man sagt es"*, erwiderte der Mann lächelnd. *„Ich habe Sie drei Tage lang beobachtet, ich habe gesehen, wie Sie trinken, essen, Holz hacken , Holz zusammenlegen, wie Sie lesen und*

schreiben, sich unterhalten, spazieren und schlafen gingen." „Dann haben Sie richtig beobachtet", erwiderte der Mann, „aber das ist nichts Weises, genau dasselbe tue ich auch, dann bin ich auch weise."
„Nein, das tun Sie nicht". „Wie bitte, ich gebe zu, es stimmt, ich hacke kein Holz und zusammenlegen brauche ich es auch nicht, aber alles andere mache ich genau wie Sie." „Nein, das tun Sie nicht", antwortete der Mann mit ruhiger Stimme.
„Das verstehe ich nicht." Der Mann schaute ihn lange an, dann antwortete er: *„Wenn ich esse, so esse ich. Wenn ich trinke so trinke ich, wenn ich lese so lese ich, wenn ich Holz hacke so hacke ich Holz, spaziere ich, so spaziere ich und bin ich müde, so schlafe ich.",Das tue ich doch auch", erwiderte der Kaiser. „Nein, das tun Sie nicht."*
Verwirrt fragte der Kaiser: *„Und was mache ich dann anders?"* Der weise Mann lächelte und sagte: *„Wenn Du isst, dann denkst Du, wenn Du trinkst, dann denkst Du, selbst wenn Du schläfst, dann denkst Du, das tue ich nicht",* sagte der weise Mann und der Kaiser erwies ihm seine Ehrerbietung.

Verstehen Sie nun das Hören?

Aber auch wenn nicht, bedeutet das nur, dass das, was für uns so klar schien, doch nicht so klar ist.
Auch wenn in diesem Kapitel vieles verwirrend ist, kann ich nur sagen:

Es ist dasselbe und doch nicht dasselbe,
es ist verschieden und doch nicht verschieden.

Wir sollten wieder anfangen zu hören.
Nehmen wir das Beispiel eines Kindes mit Down-Syndrom. Wenn uns jemand sagt *„Ich hab Dich lieb"* kommen wir in die Verlegenheit, darüber nachzudenken: Was will der jetzt wieder von mir oder was hat er jetzt wieder ausgefressen? Geht es Ihnen nicht genauso?

Sagt jedoch ein solches Kind denselben Satz, dann denken wir nicht mehr darüber nach, was es meint, denn es hat es uns gerade gesagt.

Nach Aussagen von Behrendt taten sich einige Psychologen zusammen und gingen in eine Gehörlosenschule, um seine Behauptungen zu testen. Sie berichteten, härtere Menschen hätten sie noch nicht kennen gelernt. (Härter im Sinne von unkontrollierteren Kräften)

Das heißt nicht, dass Gehörlose von Grund auf hart sind, nur, dass sie durch ihre Behinderung etwas sehr Wichtiges lernen müssen: Sie müssen lernen zu hören. Dieselben Psychologen gingen zum Gegentest in eine Blindenschule und berichteten, feinfühligere Menschen hätten sie noch nie kennen gelernt.

So wie auch Blinde häufig mehr sehen als wir, so können auch Gehörlose lernen zu hören.

Nun behaupten viele Menschen, dass die Augen wichtiger seien als der Gehörgang. Gehen wir von der Allgemeinheit aus. Was würde passieren, wenn wir genauso gut sehen wie hören könnten?

Wir wären blind, denn selbst das Mondlicht würde ausreichen, uns erblinden zu lassen.

Nach wissenschaftlichen Untersuchungen misst das Auge bis zu 1 Oktave, während der Gehörgang zwischen 10 und 12 Oktaven erreicht.

Einer 10- bis 12fache Verstärkung unseres Augenlichtes würden unsere Augen nicht leisten können, dafür sind sie zu schwach.

Warum ist der Gehörsinn wesentlich stärker ausgeprägt als die Sehkraft?

Oder: Warum wollte die Natur dies so?

Ich machte selbst einen Test, ging in den Wald und schloss meine Augen. Als ich losging, fühlte ich mich unwohl, obwohl es ein gerader Waldweg war, den ich mir genau eingeprägt hatte. Meine Gefühle waren Unwohlsein und Angst davor, zu stürzen, obwohl der Weg eben war. Dann öffnete ich meine Augen und hielt meine Ohren zu, so dass ich nichts mehr hören konnte. Meine Gefühle überschlugen sich. Ich fühlte mich noch unwohler als beim Nichtsehenkönnen, ich fühlte mich plötzlich so klein und meine Umgebung schien zu wachsen. Ich hatte Angst. Obwohl ich den Weg gut sehen konnte, hatte ich gerade vor diesem Weg Angst. Ich fühlte mich verlassen, allein und **EINSAM**, ängstlich und eingeschüchtert. Sicher mögen andere Menschen andere Gefühle bekommen, jedoch werden die starken Gefühle beim Nichthörenkönnen überwiegen. Machen Sie Ihren eigenen Test des nicht mehr Sehens und des nicht mehr Hörens.

Oft behaupten wir, wir könnten hören und lauschen nur den Worten.
Stellen Sie sich vor: Ein Clown steht vor Ihnen, zwischen ihm und Ihnen ist eine schallundurchlässige Scheibe Sie können den Clown sehen, aber nicht hören. Er sieht so aus, als würde er von Herzen lachen, jedoch verliert er auch viele Tränen.
Was macht er wirklich?
Weint er vor Lachen, oder sind das Tränen des Kummers?
Nehmen Sie die Scheibe weg und Sie hören, was der Clown tut.
Ein weiteres Beispiel für das Sehen ist die Fata Morgana: Man kann **sehen**, was nicht wirklich da ist.
Ein Beispiel für das Hören, das ich selbst erlebte, soll helfen zu verdeutlichen, was hören bedeutet.

Meine damalige Lebensgefährtin kam eines Abends zu spät zu mir, ohne vorher anzurufen und Bescheid zu sagen.
Sie wusste, dass ich damit sehr schlechte Erfahrungen gemacht hatte und darunter leide, wenn sie viel zu spät kommt, ohne mir dies vorher zu sagen. Ich machte mir Sorgen.
Sie kam und ich hatte das Zimmer etwas verdunkelt.
Ich fühlte mich verletzt und wusste, dass ich ihren direkten Blick vermeiden musste, denn wenn ich ihr in die Augen geschaut hätte, glauben Sie mir, hätte ich schon verloren. Somit musste ich das halt vermeiden.

Sie fragte, ob sie wieder gehen solle, natürlich sollte sie das nicht. Ich blieb auf Distanz, Sie wissen ja, ihre Augen. Sie setzte sich hin und durfte erst mal meine Moralpredigt über sich ergehen lassen. Ich sagte ihr, wie mich das verletzte und dass ich Angst hätte, dass ihr nachts etwas passiert sei. Sie verteidigte sich und versuchte sich zu rechtfertigen, bis sie verstand, was sie falsch gemacht hatte, und ging dann in einen verbalen Angriff über. Ich **hörte** aus ihrer Reaktion, dass sie mich verstanden und ein schlechtes Gewissen hatte, deshalb griff sie mich an, jedoch nur, weil sie meinen Schmerz spürte und in diesem Moment selbst hilflos war.

Wir schauten uns in die Augen und sie wurde ganz ruhig, wir schwiegen und sie griff nicht mehr an.

Sie fing an zu weinen, schaute nach unten und sagte, dass es ihr Leid täte.

Hätte ich nur ihren Worten gelauscht, hätte ich einen Angriff verstanden, so aber hörte ich ihre Hilflosigkeit und ihr schlechtes Gewissen und habe sie auch verstanden.

Übrigens war sie seit diesem Abend immer pünktlich oder rief an.

Wie hätten Sie reagiert?
Hätten Sie dies als Angriff gesehen?
Hätten Sie dagegengehalten?
Hätten Sie abgeblockt?
Was hätten Sie getan?

Nun könnte **man** sagen, so reagiert **man** nicht oder so was macht **man** nicht. Darauf stelle ich die Frage:

„Glaubst Du,
*was **man** glaubt?"*

Es ist nicht die Aufgabe, alles zu entschuldigen, sondern die Aufgabe besteht darin, nicht den Worten zu lauschen, sondern dem Klang, der dahinter steckt.

Worte ohne Klang sind nicht mehr als Schall und Rauch, die im Winde verwehen. Der Klang ohne Worte jedoch ist auch noch in der Ferne wahrzunehmen.

Wie oft sagen wir Worte, die wir nicht so meinen, und auch unserem Gegenüber geschieht das. Wir sollten lernen, wieder zu hören, um nicht von klanglosen Worten getäuscht zu werden. Wir sollten lernen, dass nicht alles, was wie ein Angriff aussieht, auch als Angriff zu bewerten ist, denn oft ist ein Angriff nur ein Ausdruck von Hilflosigkeit.

Eine der vielen Möglichkeiten, hören zu lernen, ist ZEN. Zen sind zeitlose Weisheiten, die von alten Meistern überliefert wurden.
Zen sagt: *Versucht es, wenn ihr wollt. Aber ZEN kommt von selbst. Das wahre Zen zeigt sich im täglichen Leben, als Bewusstsein in Aktion. Mehr als jede begrenzte Wahrnehmung öffnet es das innere Tor zu unserer unendlichen Natur.*

Wer versucht, Zen mit dem Geiste zu erdenken, der wird Zen nicht lernen, Zen kann man nur hören und verstehen.

Einfacher hat es Seng-ts´an ausgedrückt: *„Wenn Du mit dem Geist an deinem Geist arbeitest, wie kannst Du dann ein gewaltiges Chaos in deinem Kopf verhindern?“*

Häufig kommt es vor, dass wir Worte, die gesagt werden, interpretieren. Würden wir auf den Klang hören, so würden wir häufig der Wahrheit näher kommen.
Nehmen wir als Beispiel einen Satz aus der Bibel, dort heißt es:

„Liebe Deinen Nächsten wie Dich selbst!“

Die Kirche legte die Betonung auf -***Deinen Nächsten***-, aber ist es so? Sollte die Betonung nicht eher auf -***wie Dich selbst***- liegen?

Dadurch würde derselbe Satz eine ganz andere Bedeutung bekommen.
Während die Kirche immer die anderen hervorhebt und sie über uns stellt, würde der Satz mit der anderen Betonung uns sagen, dass wir erst uns selbst lieben sollen und dann die anderen genauso sehr. Sie stehen nicht unter uns, aber auch nicht über uns, auf einer Stufe würden wir stehen.
Was meinte Gott mit diesen Worten wirklich?
Jeder sollte selbst den Klang hören.
Hören ist eine Gabe, die uns menschlicher macht und uns in ein Verständnis mit uns, der Natur und füreinander bringt.

Mich beschäftigte der Satz
„ICH DENKE, ALSO BIN ICH!"

Ist dieser Satz wahr oder nicht?
Wurde er nicht nur falsch interpretiert?
Meinte der Sprecher dieses Satzes nicht nur, dass ER denkt, dass **ER** sei?
In Schulen und Universitäten wurde dieser Satz verkündet und gelehrt, *dass, was denkt, sei.*
Ich halte diesen Satz für erniedrigend und abstoßend. Würde das dann nicht auch bedeuten, dass alles, was nicht denken kann, nicht sei? Menschen, Tiere und Pflanzen, deren Verstand nicht richtig funktioniert oder nicht erkennbar scheint, sind also nicht?

Ich möchte hierzu eine Studie erwähnen, die in einem Gewächshaus mit Tomaten durchgeführt wurde. Die eine Hälfte des Gewächshauses wurde abgetrennt, beide Hälften wurden mit demselben Wasser und demselben Licht und Zusatzstoffen bearbeitet, jedoch wurde die eine Hälfte zusätzlich mit Musik und Gesprächen bearbeitet, die andere nicht. Das Ergebnis war, dass die Tomaten, die unter menschlicher Beachtung gezüchtet wurden, wesentlich besser und größer wurden.

Ein anderes Beispiel aus der Ritterzeit: Man schloss 2.000 Neugeborene in eine Burg ein. Sie bekamen Nahrung und wurden gepflegt, jedoch durfte nicht mit ihnen gespielt werden und vor allem durfte keiner mit ihnen reden. Keines der Kinder erreichte das fünfte Lebensjahr!
Diese Kinder waren schon des Denkens mächtig, warum starben sie dann? Sollte dann der Satz nicht lauten:

„ICH LIEBE, HÖRE UND FÜHLE, ALSO BIN ICH?"

Hört Euer eigenes Bild.

Hören ist wohl eine der schwierigsten Aufgaben, und wenn man einmal gelernt hat, richtig zu hören, dann weiß man, dass es jeden Tag aufs Neue ein Kampf ist, denn es ist schneller verlernt als erlernt.
Leider gibt es auch viele Versuchungen und Verwirrungen, die uns häufig das Hören sehr schwer machen.
Ich hoffe, dass die Menschen wieder lernen, die Klänge zu hören.

Wir sagen häufig, dass wir zwischen den Zeilen lesen.
Das glaube ich nicht, jedoch glaube ich, wir HÖREN zwischen den Zeilen.

Nun, könnt Ihr hören?

Sage mir, welches Geräusch
entsteht durch Klatschen mit einer Hand?

Ich möchte jetzt zum Thema Hören eine Geschichte erzählen, in der das wirkliche Hören das Thema ist.
Nennen Sie es den siebten Sinn, nennen Sie es Wahrnehmung, nennen Sie es Erfahrung, ich nenne es: das innere Hören.

Ich nenne es „Ich höre mich!"

Die Reise eines Traumes

Ich weiß es noch, als wäre es gestern gewesen. Es war dunkel hier oben und die Sterne um mich herum funkelten, als ich spürte, wie es unruhig wurde. Etwas, was sich verirrt hatte, schwebte verstreut vor mir hin und her. Mal war es hier, dann wieder dort. Ich schaute mir das eine ganze Weile an, dann machte mich dieses schwebende Etwas nervös. *„STOP!“*, rief ich, da blieb es erschrocken stehen. *„Oh, habe gedacht, dass ich alleine hier bin“*, sagte es. *„Das bist Du aber nicht. Was machst Du hier und warum bist Du so durcheinander?“*, fragte ich. *„Wer sagt, dass ich durcheinander bin?“* Ich schaute es lächelnd an. *„Na gut, ich bin durcheinander, und wie ich hier hergekommen bin, weiß ich nicht mehr.“ „Wonach suchst Du denn?“ „Ich? Äh, weiß nicht so recht. Ich spüre so etwas Komisches in mir, weiß nicht, was es ist. Eigentlich suche ich nach dem Funkeln eines Traumes, dem Funkeln der Wahrheit. Dabei weiß ich gar nicht mehr, was das ist.“ „So, so.“ „Ich weiß, dass das alles so absurd klingt. Eigentlich weiß ich gar nichts mehr, nicht mal, wonach ich suche.“ „Vielleicht weiß ich es ja.“ „Du weißt es? Dann sag es mir bitte. Bitte, bitte, bitte.“ „Beruhige Dich. Du suchst wohl nach der* ***schönsten, größten, stärksten wunderbarsten Sache?****.“ „Was? Was soll das denn sein?“ „****Der Traum der Liebe****, mein kleiner Freund, das ist es, wonach Du suchst.“* Es schaute mich lange an. Es überlegte und anscheinend hatte ich es mehr verwirrt als vorher. Es ließ mich nicht mehr aus den Augen und seine Gedanken schienen sich zu überschlagen. Bis es plötzlich lächelte und fragte: *„Wenn Du das doch weißt, kannst Du mir doch auch sagen, wo ich das finden kann, oder?“ „Nun, vielleicht können wir das gemeinsam herausfinden.“ „Au ja, was soll ich tun?“ „ Lass mich mal nachdenken. Hm, was ist das Schönste für Dich?“ „Da muss ich überlegen.“* Es zerbrach sich den Kopf. Es war schön anzusehen, was vor mir geschah. Es schaute mich an und rief: *„Farben, viele Farben sind schön.“ „ Wo finden wir denn viele Farben?“*

Da strahlte es, als es sagte: *„Im Regenbogen sind viele Farben. Ja,* *der Regenbogen ist das Schönste, ihn werde ich fragen. Er kann mir bestimmt sagen, wo ich diesen Traum von Liebe finden kann."* Ohne Zeit zu verlieren verschwand es. Na ja, ich wusste schon, was geschehen würde, so wartete ich eine Weile, dann war es wieder da. *„Nun, hast Du den Regenbogen gefunden?"*

Ganz traurig schaute es mich an *„Ja". „Und?" „Nein der Regenbogen wusste es auch nicht. Er sagte, dass das, was ich suche noch viel schöner wäre. Ich verstehe das nicht, der Regenbogen ist doch das Schönste oder?" „Mein kleiner Freund, nun verliere nicht den Mut. Wenn der Regenbogen sagte, dass es noch viel schöner wäre, was Du suchst, dann hat der Regenbogen wohl Recht gehabt. Er weiß, wovon er redet. Lass den Kopf nicht hängen, Du hast doch gerade erst angefangen mit deiner Suche. Lass uns überlegen. Hm, es ist auch das Größte, was es gibt" „Ja"* schrie es strahlend, *„ das Größte, ja das finde ich." „Was ist denn das Größte?"* fragte ich. *„Oh, ja was ist denn das Größte?"* Es überlegte und schaute mich an, dann purzelte es aus ihm heraus: *"Wolke, ja die Wolke ist das Größte hier, die frage ich jetzt"* und schwups, war es wieder weg. Ein kleiner Wirbelwind, mein kleiner Freund, dabei wusste ich schon, was geschehen würde. Es dauerte nicht lange und es war wieder traurig da. *„Nun, mein Kleiner, hast Du die Wolke gefragt?"* Ohne den Kopf zu heben sagte es ganz traurig: *„Ja, habe ich." „Was hat sie denn gesagt?" „ Dass das, was ich suche, noch viel größer ist und ich dachte, dass die Wolke das Größte ist." „Kopf hoch, Kleiner, so geht die Suche halt weiter. Warte mal, wonach könnten wir denn noch suchen? Hm. Ich hab's."* Es riss den Kopf hoch und strahlte mich fragend an. *„Es ist das Stärkste, was es gibt. Also was ist das Stärkste, was Du kennst?"* Es hielt plötzlich inne und schaute fragend *„Was ist das Stärkste, weiß nicht."* Es überlegte und dann: *„Der Wind, ja der Wind ist das Stärkste, was es gibt. Den frag ich."* Schon wieder war es fort. Doch wie ich schon ahnte, kam es bald traurig zurück. *„Hast Du den Wind nicht gefunden?" „Doch"*, sagte es traurig, *„aber er sagte, dass das, was ich suche, noch viel stärker ist. Was soll ich denn jetzt tun? Ich* *finde diesen Traum der Liebe nie." „Nun mal ganz langsam, hier wird nicht aufgegeben. Nur weil Du es nicht direkt findest, heißt es nicht, dass es nicht erreichbar ist."*

Es hob langsam den Kopf, schaute mich traurig an und fragte: *„Glaubst Du denn, dass ich es finde?" „ Da bin ich mir ganz sicher, wenn Du nicht aufgibst."* Ich bemerkte ein kleines Aufflackern in seinen Augen. *„Aber wonach kann ich denn jetzt noch suchen und wen kann ich noch fragen?" „Nun, ich weiß auch, dass es gut riecht und auch gut schmeckt. Wer fällt Dir denn jetzt ein?" „Äh, gut riechen? Ja, die Blumen riechen gut, so gut wie nichts anderes und schmecken ..."* Es überlegte und dann *„ja, das Wasser schmeckt so gut wie nichts anderes."* Schon wieder war es nicht zu bremsen. Doch dann kam es traurig nach einer Weile zurück. Ohne dass ich etwas gesagt hatte, antwortete es: *„Die Blumen haben gesagt, dass das, was ich suche noch viel besser riecht und das Wasser sagte, dass es viel besser schmeckt. Was soll ich denn jetzt machen?"* Lächelnd schaute ich es an und sagte: *„Weitersuchen. Lass Dich nicht hängen. Ich helfe Dir. Du schaffst das schon, da bin ich mir ganz sicher".* Es schaute mich traurig an und fragte: *„Glaubst Du das wirklich?" „Ja, ich bin mir ganz sicher. DU schaffst das." „Aber wo kann ich denn jetzt noch suchen?" „Hm, es ist auch das Heißeste, was es gibt, was kann das sein?" „Oh, das weiß ich, das Heißeste, was es gibt, ist die Sonne. Es gibt nichts Heißeres."* Obwohl es das sagte, blieb es vor mir stehen und schaute mich voller Sorgen an. *„Was ist los, mein Kleiner?" „Was mache ich denn, wenn die Sonne mir auch nicht helfen kann?" „Wir werden es finden, vertraue mir." „Na gut, dann frage ich die Sonne."* Langsam schwebte es davon. Nichts mehr von dem Wirbelwind war mehr übrig. Auch hier wusste ich schon, was kommen sollte. Es dauerte diesmal etwas länger, bis es wieder erschien. Traurig und hilflos schwebte es vor mir und sagte, ohne den Kopf zu heben: *„Die Sonne hat gesagt, dass das, wonach ich suche, noch viel heißer ist. Ich weiß nicht mehr weiter, weiß nicht mehr, wen ich noch fragen kann. Weiß eigentlich gar nichts mehr. Werde wohl den doofen*

Traum der Liebe nie finden. Weiß nicht mal mehr, wer ich bin.“ Wie ein kleines, trotziges Kind schwebte es vor mir. Traurig und in sich zusammengesunken.

„Aber ich weiß es!“ Langsam schaute es mich an: *„Was meinst Du?“ „Während Du unterwegs warst, habe ich noch einmal mit allen geredet und es gibt noch einen, den Du nicht gefragt hast.“ „Hast Du ihn gefragt?“* Voller Hoffnung und doch ängstlich schaute es mich an. *„Nein, das habe ich nicht.“ Schon schien die Hoffnung wieder zu schwinden „Das solltest Du selbst tun“*, und schon flackerte die Hoffnung wieder auf.
„Weißt Du denn, wer es ist?“ „OH ja, ich wusste es schon die ganze Zeit“. Verdutzt schaute es mich an.
„Wer ist es? Bitte sage mir, wen ich fragen kann? Und glaubst Du, dass er die Antwort kennt?“ „Da bin ich mir ganz sicher und außerdem ist es weder ein er noch eine sie.“
„Wo kann ich es denn finden?“ „ Es ist bereits da.“ Jetzt schien der Kleine am Rande seines Verstandes angekommen zu sein. Es schaute mich an. In seinen Augen mischten sich Hoffnung und Hoffnungslosigkeit, Glauben und Ängste, Wärme und Kälte. *„Du bist verwirrt. Das kann ich verstehen. Der Traum der Liebe ist halt verwirrend. Nicht immer einfach zu sehen. Es ist das Schönste und Stärkste, das Größte und Wunderbarste, was es gibt.“* Es schaute mich an. *„Deine Suche hat hier und jetzt ein Ende. Es wird aber stärker als alles, was Du bisher kanntest. Möchtest Du es trotzdem wissen?“ „Ja, bitte zeige mir, wen ich noch nicht gefragt habe, zeige mir dieses Wesen, das die Antwort kennt, ich bitte Dich.“ „Dann gib mir deine Hand und lass Dich von mir führen.“* Ängstlich, aber dennoch ohne zu zögern gab es mir seine Hand und die Reise ging los.
Es dauerte nicht lange und wir kamen an einen wunderschönen See. Verdutzt hielt es inne. Es sah, dass neben dem See der Regenbogen, die Wolke, die Blumen und auch die Sonne schon auf uns warteten. *„Aber was machen die denn alle hier?“ „Mein kleiner Freund, sie warten auf Dich, um Dir zu helfen, das zu finden,*

was Du suchst. Vertraue mir, komm mit.". Es ließ sich von mir führen, an seinen neuen Freunden vorbei, die ihm anlächelten und sich auf das freuten, was bald geschehen sollte. *„Ich verstehe das alles nicht." „ Ich weiß." „Und wo ist dieses Wesen, das die Antwort kennt auf meine Fragen?" „Es ist im See." „Wie bitte?" „Glaube mir, es ist im See. Schau doch rein."* Es schaute mich verwundert an.
„Nun mach schon, Du wolltest die Antwort haben und jetzt ist die Zeit dafür gekommen. Du solltest wissen, dass die Antwort das Schönste, Größte, Stärkste und Wunderbarste ist, was es gibt, also los, schau auf den See" Es schaute mich noch verwirrter an. *„Hab keine Angst, es ist wunderschön, trau Dich. Da ist das Wesen, das Du noch nicht gefragt hast."* Langsam drehte es seinen Kopf und schaute auf den See.
Anfangs schaute es nur, doch dann sah ich, wie die Augen anfingen zu funkeln. Als seine Augen strahlten, fragte ich: *„Weißt Du jetzt, wen Du noch nicht gefragt hast?"* Ohne die Augen vom See abzuwenden, nickte es. *„Kennst Du nun die Antwort und ist deine Reise beendet?"* Wieder nickte mein kleiner Freund. Ohne mich anzuschauen. sagte es: *„Ja, ich habe es gefunden, ich habe mich gefunden. Ich danke Dir dafür."*
„Ich habe Dir zu danken, dass Du die Suche nicht aufgegeben und das alles erst möglich gemacht hast."
Ich ließ meinen kleinen Freund nun alleine und kehrte zurück, mit dem Wissen, dass es ihm gut geht und er gefunden hat, wonach er suchte.

Ich bin der Morgenstern, der Tag und Nacht wacht,
und freue mich schon auf die nächste Begegnung
mit meinem neuen Freund, dem Traum der Liebe!

Was wäre gewesen, wenn er nicht auf die innere Stimme, die mit ihm redete und ihm seinen Weg offenbarte, gehört hätte?

Was sagt Ihre innere Stimme?
Können Sie sie überhaupt hören?

Lernen Sie es, aber bitte lernen Sie das Hören ohne Gedanken. Können Sie das, das innere Hören und die Gedanken voneinander trennen?

„Der Geist selbst führt den Geist in die Irre.
Hüte Dich vor dem Geist.“

Lernen Sie zu hören und sie fangen an zu leben, denn denkend geht die Welt zugrunde.

Es stimmt, dass das Denken sehr wichtig ist, aber nur da, wo es gebraucht wird. Nehmen wir zum Beispiel den Sex.
Denken Sie wirklich beim Sex?
Es kann sein, dass sie versucht, ihm ein heißes Abenteuer zu verschaffen und ihn zu befriedigen, während er es andersherum ebenfalls versucht. Beide gehen in einen Kampf.
Wäre es nicht besser, sich gehen zu lassen und für die inneren Gefühle den freien Raum zu schaffen der ihnen zusteht?

Wenn Du mit dem Geist an Deinem Geist arbeitest,
wie kannst Du dann das gewaltige Chaos
in Deinem Kopf verhindern?

Hören Sie in sich und auch in Ihren Partner hinein. Es entsteht ein gemeinsames Beisammensein, das befriedigender nicht sein kann. Der Sex, der dabei entsteht, füllt Sie beide aus und ist dann voller Leidenschaft, wenn man nicht mehr denkt, sondern hört.

Ich höre, ich fühle, ich spüre, ich schmecke,
ich rieche und genieße.

Jedoch wollen wir hier nicht das Thema Sex behandeln.

Wie lernt man HÖREN?

Einfach, aber auch wiederum nicht einfach gesagt, wäre, indem ihr hört. Eine wahre Begebenheit soll verdeutlichen, was ich damit meine.

Ein Lehrer fragte einst

Ein Lehrer fragte einst einen Zen-Meister: „Meister, ich habe vollen Respekt vor eurer Weisheit und eurem Wissen. *Ich habe herausgefunden, dass Zen eine Lehre des Lebens ist, und ich möchte sie von euch erlernen, um sie zu leben und weiterzugeben. Bitte schreibt mir auf, wie ich Zen lerne.“*

Der Zen-Meister legte seine Arbeit nieder und schaute den Lehrer lange an, dann ging er zur Tafel, schrieb das Wort:

AUFMERKSAMKEIT

darauf und ging wieder an seine Arbeit. Der Lehrer schaute verdutzt an die Tafel und sagte: *„Also das ist zu wenig, Du musst mir schon mehr aufschreiben!“* Der Zen-Meister legte wiederum seine Arbeit nieder, schaute den Lehrer lange an und ging an die Tafel. Er wischte fort, was er geschrieben hatte und schaute dann wieder den Lehrer an.
Er drehte sich um und schrieb:

AUFMERKSAMKEIT
AUFMERKSAMKEIT

und ging dann wieder an seine Arbeit. Der Lehrer, voller Ungeduld und schon leicht erzürnt, sagte: „Was soll das? Damit kann ich nichts anfangen, das ist zu wenig. Schreibe mir bitte mehr auf, damit ich es lerne.“ Der Zen-Meister legte wieder seine Arbeit nieder und schaute den Lehrer nun noch länger an, ging zur Tafel, wischte wieder das dort darauf Geschriebene fort und schaute den Lehrer an.
Nach einer Weile drehte er sich zur Tafel und schrieb:

AUFMERKSAMKEIT
AUFMERKSAMKEIT
AUFMERKSAMKEIT

Machen Sie sich Ihr eigenes Bild vom Hören. Ich hoffe, dass der Klang der Worte, ob ausgesprochen oder nicht, immer klarer wird.

Wenn ich den ein oder anderen mit diesem Kapitel verwirrt haben sollte oder zum Nachdenken gebracht habe, so bin ich dankbar, etwas bei Ihnen ins Rollen gebracht zu haben. Mir ist bewusst, dass ich viele Geschichten und Verse in dieses Kapitel eingebaut habe, aber es ist ein Weg, Sie auf das Hören aufmerksam zu machen.

Warum trennen sich Paare?

Vielleicht weil sie nicht mehr hören können, dann lernen Sie es bitte wieder. Was geschehen kann, wenn Sie nicht hören:

Wirrwarr

ein Durcheinander, bin manisch.
Alles dreht sich, alles ist so schön und voller Schmerz.
Bin oben und unten, ich weiß nicht, was es ist.
Gestehe ein, dass ich nicht mehr weiß, wo vorn und hinten ist,
finde nicht mal mehr die Mitte.
Du hast gesagt, Du hast doch nichts getan,
und doch hast Du meine Welt aus den Fugen gehoben.
Was ist nur los?
Weinen und lachen, das kannte ich,
aber zur gleichen Zeit?
Was ist nur geschehen?
Dachte, ich beherrschte dieses Gefühl,
doch nun spüre ich die Hilflosigkeit.
Angst ist in mir eingezogen,
weiß noch nicht, damit umzugehen.
Weiß momentan gar nichts mehr!

Konnte schon lange nicht mehr schreiben,
nun ist es wieder da
und tut doch so weh.

Diese Zeilen wirst Du nie lesen, meinen Schmerz wirst Du nie sehen, doch weiß ich, dass ich nie vergessen werde, welche Gefühle Du geweckt hast in mir, und tut es auch noch so weh, so möchte ich nie wissen, wie mein Leben gewesen wäre, wenn ich Dich nicht kennen gelernt hätte.

Möchte gerne neben ihr aufwachen

möchte sehen, wie sie schläft,
möchte sie beobachten.
Es ist so schön, von ihr zu träumen.
Sehe ihr Gesicht,
sehe ihr Haar,
sehe ihre Haut so weich.
Sehe, wie sie schläft, und bin ganz still,
bewege mich nicht.
Schließe die Augen und spüre ihren Atem,
sanft und weich, wie er mich streichelt.
Lieber Wind,
lege meine Träume in Dich hinein.
Nehme sie und trage sie zu ihr.
Sie wird schon wissen, von wem sie sind.

Was ist das?

wenn ich die Blicke nicht mehr von Dir lassen kann?
Was ist das,
wenn ich Deine Hände nicht mehr loslassen kann?
Was ist das,
wenn ich Deinen Geruch nicht mehr loswerden will?
Was ist das,
wenn ich Deinen Geschmack in mir festhalte?
Was ist das,
wenn ich Dich vermisse, obwohl Du gerade erst gegangen bist?
Was ist das,
wenn mir die schönsten Worte entfallen,
wenn ich Dich nur anschaue?
Was ist das, wenn meine Gefühle durchdrehen?
Was ist das, wenn die Welt nicht mehr die ist,
die sie war, bevor Du da warst?

Sende Euch den Morgenstern

er wird über Euch wachen!
Er wird Eure Träume begleiten und Euch behüten!
Dir, mein Traum,
wird er meine Liebe und meine Wärme ins Herz pflanzen!
Schlafe tief und fest,
erhole Dich,
damit der Baum von Liebe und Geborgenheit
gedeihen und wachsen kann!
Ich halte Dich in meinem Herzen fest,
bis wir uns wiedersehen!
Freue mich drauf!

KAPITEL 3

Angst

Ich habe Angst

In diesem Kapitel möchte ich auf das Thema Angst eingehen, denn in der Angst liegt häufig die Ursache für das Versagen. Bevor ich einige Ängste anspreche, möchte ich auf die Angst selbst eingehen.

Was ist Angst überhaupt?
Ist sie positiv oder negativ?
Ist sie vielleicht beides oder keins von beidem?
Was meinen Sie?

Einige werden jetzt sagen, für mich ist Angst ...
Hier stellt sich die Frage, ist Angst für jeden etwas anderes?
Nein, das ist sie nicht, Angst ist lediglich Angst. Wie wir damit umgehen und was wir daraus machen, ist jedoch unterschiedlich.

Angst ist immer POSITIV,
was wir daraus machen, ist es aber nicht immer!

Um das Wesen der Angst zu verdeutlichen, möchte ich Ihnen ein Beispiel geben. Vor Ihnen liegt eine Pistole, sie ist geladen und entsichert. Ist diese Pistole gefährlich?
Solange sie nur daliegt, ist sie es nicht. Nun nehmen Sie sie in die Hand, ist sie jetzt gefährlich?
Ich behaupte nein, nicht die Pistole ist jetzt gefährlich, sondern Sie sind es. Sie können die Pistole entweder betätigen, indem Sie abdrücken, oder sie sichern und entladen. Das entscheidet jedoch nicht die Pistole, sondern Sie.

Genau so eine Pistole ist die Angst.
Im Grunde ist die Angst nichts anderes als eine Emotion, ein Gefühl.

Was kann die Angst wirklich?

Stellen Sie sich vor, Sie hätten Angst, einen dunklen Raum zu betreten. Vielleicht kennen Sie diese Angst.
Nun machen Sie sich bitte Ihr Körpergewicht bewusst, werte Leser, ich meine Ihr wahres Gewicht.
Gehen wir einmal von ca. 60 kg aus.
Kann die Angst Sie jetzt aufhalten, in diesen Raum zu gehen?
Nein, das kann sie nicht, wie soll sie das machen, sie ist doch lediglich ein Gefühl.
Jetzt wird der ein der andere behaupten: Klar kann mich die Angst aufhalten oder festhalten. Würde sie das tun, so bräuchten wir keine Angst mehr vor tiefen Löchern, Schluchten oder Abgründen zu haben, da uns die Angst, würden wir über Schluchten oder Abgründe hinweggehen, ja oben in der Luft festhalten würde, 60 kg. Das schafft die Angst aber nicht, sie schafft nicht mal, 1 kg zu halten. Was macht die Angst nun wirklich? Nun, sie macht **aufmerksam**!
Jetzt liegt es wieder an uns, was wir aus dieser Aufmerksamkeit machen. Drücken wir ab, oder entladen und sichern wir sie wie die Pistole?
Meist beachten wir sie nicht oder schieben sie bewusst weg.
Stellen Sie sich vor, Sie sind auf einer Grillparty und in ein interessantes Gespräch vertieft. Ihr kleines zweijähriges Kind steht neben Ihnen und muss auf die Toilette. Es zupft an Ihrem Rock oder an Ihrer Hose und ruft Sie, doch Sie bemerken es nicht und bleiben ins Gespräch vertieft. Ihr kleines Kind wird unruhig, die Blase drückt und sie bemerken seine Versuche, auf sich aufmerksam zu machen, nicht. Was bleibt dem kleinen Kind übrig? In die Hose machen will es nicht, also wird es lauter und fängt an, an Ihnen zu zerren.
Um Ihre Aufmerksamkeit zu erregen, wird es lauter und ver-

sucht, sich größer zu machen. Genauso verhält sich die Angst, die dann in Panik umschlägt. Panik ist jedoch nichts anderes als nicht verstandene Angst, die man nicht beachtet hat. Die Angst sagt nicht, mach dies oder mach das, sie sagt auch nicht, lass das oder mach das, sie macht nur aufmerksam. Nehmen wir die Angst vor dem Autofahren. Die Angst sagt nicht, fahre oder fahre nicht, sie sagt lediglich: aufmerksam sein.
Nun ist es unsere Aufgabe, dieser Aufmerksamkeit Beachtung zu schenken und darüber nachzudenken, warum die Angst uns aufmerksam macht. Es könnte sein, dass wir schon mal einen Unfall hatten oder gesehen haben, somit könnte die Aufmerksamkeit auf diesen Erinnerungen beruhen, die uns sagen: „Nicht nur wir können Fehler machen, sondern wir sollten aufmerksam und vorausschauend fahren, denn andere könnten auch Fehler machen."

Was ist die Angst wirklich?

Angst ist, wie schon erwähnt, ein Gefühl, eine Emotion jedes Menschen. Ihre Angst ist Ihre eigene Emotion, sie ist in jedem.

Was will sie?

Sie lediglich aufmerksam machen.

Warum macht sie SIE aufmerksam?

Weil sie nicht nur überleben, sondern leben will.

So sind wir aufmerksam, zum Beispiel in dunklen Gassen.
Ein weiteres Beispiel ist für die Mütter oder Väter unter Ihnen. Haben Sie Ihren Kindern beigebracht, sich im Straßenverkehr richtig zu verhalten? Wie beispielsweise nach links und rechts zu schauen, bevor sie die Straße überqueren dürfen?
Warum haben Sie das getan? Weil Sie sich Sorgen machen und nicht wollen, dass Ihren Kindern etwas geschieht. Das ist lobenswert, doch wer hat Sie darauf aufmerksam gemacht?
Ja, die Angst, weil Sie Angst hatten um Ihr Kind, haben Sie reagiert und Vorsorge getroffen.

Was wäre geschehen, wenn Sie keine Angst gehabt hätten? Denken wir lieber nicht darüber nach.

Also, Ihre Angst braucht Sie, um zu leben und somit behaupte ich, Ihre Angst ist wohl Ihr bester Freund. Sie möchte von Ihnen beachtet und kontrolliert werden, **nicht umgekehrt!**
Die Angst braucht Sie genauso sehr, wie Sie sie brauchen.
Die Angst tut Ihnen nichts, sie möchte Ihnen helfen und ist ganz und gar auf **Ihrer** Seite.
Für mich zählt das genauso wie für jeden anderen. Meine Angst ist mein bester Freund und als solchen behandle ich sie auch und gebe ihr die Beachtung, die sie braucht.

Auch ich habe Ängste, bin aber glücklich darüber. Bin ich in einer Beziehung, so habe ich Angst, meine Freundin zu verlieren, somit macht mich die Angst aufmerksam, damit genau das nicht geschieht. Vorausgesetzt, dass ich nicht wegschaue und mich nicht von ihr kontrollieren lasse!

Bitte laufen Sie nicht vor Ihrer Angst weg, sondern stellen Sie sich ihr, sie will Ihnen helfen. Sie sollten lernen ihr zuzuhören, sie zu verstehen und mit ihr umzugehen.

Wie Sie das machen?
Reden Sie mit ihr, sobald sie auftaucht.

Bitte sagen Sie nicht, Sie könnten das nicht, Sie würden nicht mit sich selbst reden oder kämen sich blöd dabei vor.
Haben Sie noch nie mit sich selbst geredet?
Für die Autofahrer unter Ihnen: An einer Hauptstraße schneidet Ihnen einer den Weg ab und Sie kommen gerade noch an einem Unfall vorbei. Sie schnauzen und fluchen, **HALLO**,
Sie sind allein im Auto, wem erzählen Sie das?
Oder Sie haben sich geschnitten, etwas ist umgefallen und zerbrochen und vieles mehr.

Ist Ihnen noch nie das Wort SCH ... über die Lippen gekommen in einem Moment, in dem Sie alleine waren?
Mit wem haben Sie in diesem Moment gerade geredet?
Wenn Sie jetzt lächeln, dann wissen Sie, was ich meine, oder gehen Sie zum Lachen in den Keller?
Sie haben unbewusst mit sich selbst geredet, warum sollten Sie dies nicht auch einmal bewusst machen?
Sobald die Angst kommt, reden Sie mit ihr. Fragen Sie Ihre Angst einfach und denken Sie selbst über diese Frage nach.

„Angst, warum machst Du mich aufmerksam, oder wovor?“
Tun Sie das ruhig laut und schenken Sie ihr Ihre Beachtung und mit etwas Übung kann es sein, dass Sie lernen, sie zu verstehen, und die Angst hat ihre Aufgabe erledigt. Sie verschwindet zwar nicht, wird jedoch kleiner, Sie sollen ja weiterhin aufmerksam bleiben. Probieren Sie es, was haben Sie zu verlieren?
Wenn man Sie für verrückt erklärt, dann willkommen im Club.

Ein weiser Mann sagte einmal:

„Immer nur Sekt ist wie Wasser und Brot.
Und wer völlig normal ist, ist auch ein Idiot.“

Glauben Sie mir, Angst vor der Liebe heißt nicht vor ihr wegzulaufen, sondern sich damit zu beschäftigen, bevor sie verschwindet, weil Sie ihr zu wenig Beachtung schenken.
Möchten Sie wirklich EINSAM sein?

Dazu später mehr.

Ängste, sie zu verlieren kommen hoch

Vertrauen habe ich, leider aber auch Angst.
Stelle mir die Frage, warum sollte sie bei mir bleiben?
Zweifel, Ängste und Sorgen sind meine ständigen Begleiter.
Beängstigend und zugleich beruhigend,
eine Mischung von Gefühlen.
Beängstigend, dass sie gehen könnte,
oder dass sie meine Liebe zu ihr gar nicht wahrnimmt.
Beruhigend, dass meine Gefühle zu ihr mehr denn Liebe sind,
dass sie mehr nicht mehr sein können.
Höhen und Tiefen zur selben Zeit.
Könnte neutral leben,
ohne Höhen und ohne Tiefen,
doch ist das dann leben?
Es tut so weh,
doch nehme ich den Schmerz in Kauf,
nehme ihn dank der Liebe,
gerade wegen ihr mit.
Möchte leben,
gehört der Schmerz auch dazu,
so lebe ich doch.
Du, mein Traum, wirst wohl nie wissen,
wie viel Schmerz ich in mir trage,
Du wirst wohl auch nie wissen,
wie sehr ich Dich wirklich liebe.
So trage ich diese Last
und danke doch dafür,
dass ich Dich und die Liebe kennen gelernt habe.
So trage ich die Last,
doch Dein Bild in meinem Herzen,
lässt es mich ertragen.
Angst, ich bekomme Angst,
da ich fühlen kann, wie ich noch nie fühlte.
Bekomme Angst,
da meine Gefühle sich überschlagen,
Bekomme Angst,
da meine Gefühle alle Grenzen sprengen,
Bekomme Angst,
dass ich nie wieder den Boden berühre.

Habe Angst

dass ich falle, da ich noch nie so hoch schwebte.
Habe Angst,
dieser Liebe nicht gewachsen zu sein.
Habe Angst,
aufzuwachen und alles ist vorbei.
Habe Angst,
was ich erlebte, nie wieder zu erleben.
Habe Angst,
mich zu öffnen.
Habe Angst,
verletzt zu werden,
so wie mich nicht einmal mein Vater verletzte.
Habe Angst vor Dir.

Doch werde ich nicht fortlaufen,
werde mich meinen Ängsten stellen.
Werde mich Dir stellen,
die Liebe zu Dir ist's, die dies alles in mir bewirkt.

KAPITEL 4

Liebe, Kummer und Schmerz

Liebe, Kummer und Schmerz gehören eng zusammen

In diesem Kapitel möchte ich Ihnen das Wesen von Kummer und Schmerz näher bringen, denn sie gehören zum Thema Liebe dazu, ob Sie wollen oder nicht.

Die meisten Menschen haben eine Mauer um sich herum gebaut, meist aus Angst vor Verletzungen und vor Schmerzen, die sie einst hatten. Sie wollen diese nicht noch einmal durchleben.

Das Traurige daran ist, dass die Mauern, die uns schützen sollen, genau das nicht tun. Diese Mauern sollen das Unglück fernhalten und nur das Glück zulassen.

Leider ist es umgekehrt. Das Unglück ist wie Wasser und findet seinen Weg durch die Mauern, das Glück jedoch lässt sich von Mauern aufhalten. Sollten Sie in Ihren selbst gebauten Mauern leben, dann vergessen Sie nicht, dass so leicht vielleicht niemand mehr an Sie herankommt, doch Sie kommen auch nicht mehr aus den Mauern heraus. Glauben Sie nicht, dass Sie darauf warten können, dass die „richtige“ Person diese Mauern durchdringen oder einreißen kann. Ihre Mauern können nicht von anderen durchdrungen und eingerissen werden. Einreißen können nur Sie selbst diese Mauern von innen heraus.

Diese Mauern zeigen sich als Maske.

Auch ich habe das durchgemacht, als ich meinen Traum kennen lernte. Mir ist bewusst, dass fast alle Menschen Masken tragen, weil sie ihr wahres Ich verbergen wollen.

Ein weiser Mensch brachte mir jedoch bei:
Eine Maske verbirgt das Gesicht,
doch bei den Augen,
da schafft sie das nicht!

So sah ich ihre Augen und habe gesehen, wer sie wirklich ist. Doch auch sie musste versuchen, ihre Mauern selbst einzureißen, so wie ich meine, leider wagte sie es nicht.
Egal wie sehr man jemanden liebt, die selbst errichteten Mauern können nur selbst wieder abgebaut werden.

Also fangen Sie bitte an, diese Mauern abzubauen.
Ich stelle Ihnen noch eine weitere Frage:
Möchten Sie für Geschehnisse anderer bezahlen und dann auch noch den Kopf dafür hinhalten?

Sollten Sie Mauern um sich haben, die Mauern sind von Ihnen aufgebaut worden, durch Erlebnisse und Schmerzen, die irgendjemand Ihnen oder Sie selbst sich zugefügt haben.
Wie auch immer, die Person, die jetzt vor Ihnen steht, hat damit doch gar nichts zu tun. *Ist das fair?*

Berührbar bleiben, das wünsche ich Ihnen.
Auch Schmerz gehört dazu. Auch ich habe viel Schmerz durchleben müssen, habe sehr viel verloren und auch heute weiß ich, wie Schmerz sich anfühlt. Aber ich weiß auch, dass er dazugehört und möchte ich irgendwann das Glück auf meiner Seite haben, dann auch mit allen Konsequenzen und Schmerzen, die es mit sich trägt.

Bei einem Regenbogen muss auch Regen sein!

Liebe und Schmerz sind jeweils ein Teil des Ganzen. Sie sind wie Yin und Yang, doch dazu später mehr.

Ein Grund, warum viele Menschen Probleme haben, liegt in der Tatsache, dass sie in drei Zeiten leben, die es im Grunde gar nicht gibt. **Vergangenheit - Gegenwart - Zukunft**.
Vergangenheit ist ein Traum oder Alptraum, je nachdem, was man erlebt hat, sie ist unveränderbar.
Zukunft ist eine Einbildung.
Sie können jetzt sagen: Morgenabend gehen Sie ins Kino, wachen am nächsten Tag auf und sind schwer erkältet, dann werden sie wohl nicht ins Kino gehen.
Das Einzige, was also noch übrig bleibt, ist die Gegenwart.

Die einzige reale Zeit ist hier und jetzt!

Da es keine drei Zeiten gibt, die meisten jedoch an ihnen festhalten, ist das Problem vorprogrammiert.
Die Vergangenheit bringt zwar Erinnerungen mit sich, ist aber zeitmäßig nicht mehr vorhanden. Wir sollten aus den Geschehnissen lernen und lernen, sie zu verarbeiten.
Nehme ich sie mit, so kann sie zur Belastung werden, lerne ich aus ihr und verarbeite sie, so ist sie lediglich eine Erinnerung.
Eine Erinnerung kann zwar wehtun, eine Belastung kann jedoch zerstören, also lernen Sie bitte sie zu verarbeiten.
Haben Sie keine Scheu. Sollten Sie die Vergangenheit mit sich tragen, dann lassen Sie sich bitte von Experten helfen.
Die **meisten** Menschen bräuchten irgendwann einmal eine solche Hilfe, ich sitze mit Ihnen in einem Boot.

Die Zukunft, die gibt es zeitmäßig noch nicht. Nur in der Gegenwart, nur hier und jetzt können nur **SIE IHRE** Mauern einreißen! Gestern ist vorbei, morgen gibt es noch nicht, also wann dann?

Haben Sie Mut, trauen Sie sich.

Mit diesem Buch möchte ich Ihnen Mut machen, ihr eigenes Leben in die Hand zu nehmen und es nicht von anderen leben zu lassen. Lassen Sie mich dies nicht umsonst geschrieben haben.

Liebe kommt, Liebe geht.
Die Liebe bekommt man geschenkt, aber sobald wir dieses kostbare Geschenk bekommen haben, ist es unsere Aufgabe, es zu pflegen und daran jeden Tag aufs Neue zu arbeiten, die Liebe aufrechtzuerhalten, damit sie nicht wieder geht, sondern weiter wachsen kann.

Sie haben nur ein Leben, leben Sie es!
Befreien Sie sich aus Ihrer Gefangenschaft.

Jetzt kommen die Zweifel: Meine Familie, meine Eltern, meine Geschwister, Nachbarn, Kollegen, Freunde, was mögen sie alle sagen? Ist das wirklich so wichtig?
Nein, das ist es nicht. Verstehen Sie mich nicht falsch, natürlich sollen Sie ihnen zuhören, dabei aber selbst abwägen, was für **SIE** gut ist und dies nicht von anderen entscheiden lassen.
Auch ich höre diesen Menschen gerne zu, bilde mir dabei aber meine eigene Meinung. Ich bin ja auch derjenige, der in dieser Situation lebt und der mit den Konsequenzen leben muss.
All diese Menschen können mir Ratschläge geben, aber nicht mehr.
Meist sind sie ja nicht objektiv, erst recht nicht Freunde, doch um einen guten Ratschlag geben zu können, ist Objektivität sehr wichtig.

Auch ich gebe hier lediglich Ratschläge.

Man kann mir helfen, meinen Weg zu finden, doch gehen muss ich ihn selbst. Mögen die Familie, Freunde und andere Menschen es auch gut mit Ihnen meinen, Sie müssen Ihr Leben selbst leben, und die Frage sei erlaubt, können sie alle **Ihr** Leben und **Ihre** Gefühle wirklich nachempfinden?
Leben sie in derselben Situation oder haben sie sie schon erlebt mit **denselben** Emotionen und allem, was dazugehört?
Immer wieder höre ich in Gesprächen, wie so genannte Ratschläge meist Tiefschläge werden.

Nehmen wir zum Beispiel die Eltern. Häufig habe ich den zwar gut gemeinten Satz gehört: „Kinder vertragt euch wieder, ihr habt eine Familie und solltet zusammenbleiben.“

Gut gemeint, ja,
doch meist auch unüberlegt!

Sie müssen ja nicht in dieser Situation leben und können hinter sich die Türen schließen.
Sie wissen doch nicht wirklich, wie es in **Ihnen** aussieht und wie das Drumherum wirklich ist, sie bekommen doch nur Bruchstücke des Ganzen mit.
Ich möchte Ihnen nicht raten, nicht auf Ihre Eltern zu hören. Sie sollten, wenn Sie mit ihnen reden und einen RATSCHLAG haben wollen, auch die ganze Wahrheit rauslassen.
Wenn Ihre Eltern wirklich die **ganze** Wahrheit wissen, erst dann können sie sich ein wirkliches Bild machen.
Nehmen wir das Beispiel, dass in einer Beziehung die Liebe schon lange nicht mehr da ist. Die meisten Eltern bekommen nur wenig davon mit und kennen Ihr Leid nicht wirklich. Sie bekommen meist auch nur Ihre Maske mit und können nicht wissen, wie es wirklich in Ihnen aussieht. Welche Eltern, die ihr eigenes Kind von Herzen lieben, würden ihrem Kind raten, in einer Situation zu leben, die bedeuten würde, dass sie unglücklich an ihrem Leben vorbeileben sollen?
Welche Eltern würden ihrem Kind raten, wenn sie die ganze Wahrheit wüssten, dass sie auf ihr Leben verzichten sollen?
Vergessen Sie nicht, dass Ihre, so wie auch meine Eltern, aus einer ganz anderen Generation kommen.
All dies sind Faktoren, die man nicht unterschätzen sollte.

SIE müssen **IHREN** Weg gehen, der **IHR** Leben bedeutet.

Fragen Sie sich selbst: Würden Sie Ihrem eigenen Kind nicht auch wünschen, dass es sein eigenes Glück findet?

Liebe,

Kummer und Schmerz,
sie liegen nah beisammen.

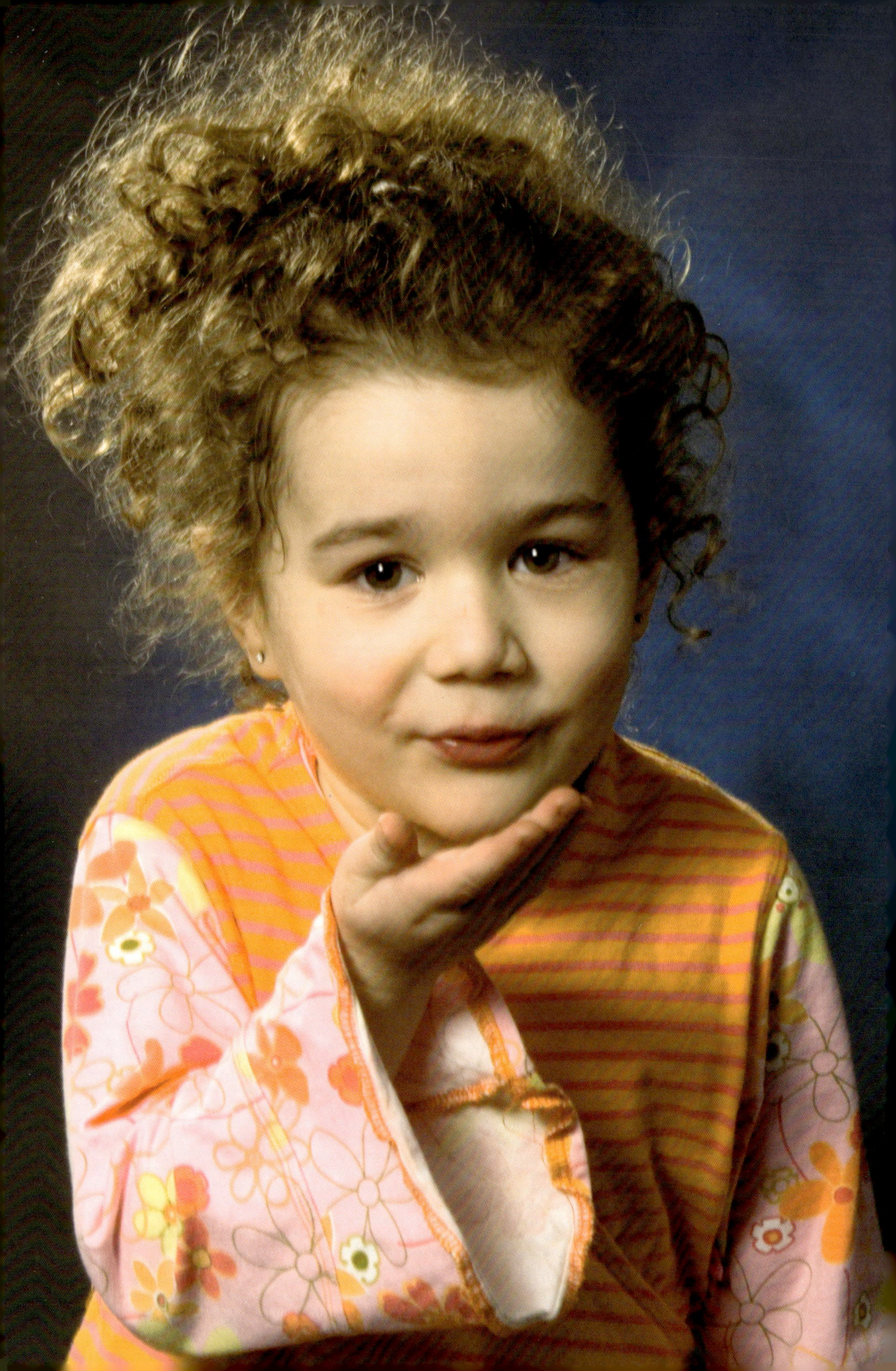

Einen kleinen Kuss

Einen kleinen Kuss, den sende ich zu ihr.
Bitte lieber Kuss, lasse Dich nicht abhalten,
lasse es nicht zu, dass Du Dein Ziel nicht erreichst.
Bitte lieber Kuss, warte, bis sie die Augen schließt,
lege Dich auf ihre Lippen und zeige ihr,
wie sehr ich an sie denke.

KAPITEL 5

Sehnsucht und Liebe

Sehnsucht: ein gefährliches Gefühl?

In diesem Kapitel möchte ich Sie auf ein „gefährliches" Gefühl aufmerksam machen: die **Sehnsucht.**
Sehnsucht und Liebe werden so oft in einen Topf geworfen, doch ist das richtig?
In meinem ersten Buch habe ich über die Liebe geschrieben und versucht Klarheit darüber zu schaffen, dass es Unterschiede zwischen Kopf-, Bauch- und Herz-Liebe gibt.
In diesem Kapitel geht es um Sehnsucht und Liebe, kennen Sie den Unterschied?
Eine Geschichte aus meinem ersten Buch kann dies verdeutlichen:

Was ist Liebe?

Irgendwann kommt Dein Kind zu Dir und wird Dich fragen: Was ist Liebe? Oft schon habe ich vor dieser Frage gestanden, oft war die Antwort so nah, doch immer wieder verlief ich mich. Bis zu dem Tag, an dem dies geschah.
Ich ging durch die Straßen und hing meinen Gedanken nach. Ich war verwirrt und durcheinander. Ich kam an einem Leierkasten vorbei. Der Mann, der ihn spielte, war blind und ich setzte mich auf die Bank neben ihn. Er spielte schön und lenkte mich von meinen Problemen ab. Ich sagte kein Wort, lauschte und schaute ihn nur an. Ein armer Mann, dachte ich. Da sagte er lächelnd: *„Was bedrückt Dich an einem so schönen Tag, junger Mann?"*
Ich schaute ihn verwundert an und fragte: *„Woher wollen Sie*

wissen, dass ich jung bin, und wo ist dieser Tag schön, es ist bewölkt, und es ist nur eine Frage der Zeit, wann es anfängt zu regnen?" **Der alte Mann lächelte und antwortete:** *„Deine Ausstrahlung und Deine Bewegungen verraten mir, dass Du jung bist, und der Tag ist auch bewölkt sehr schön. Die Blumen brauchen den Regen und uns allen gefallen doch die Blumen, wenn sie blühen. Du musst versuchen, nicht das Grau zu sehen, versuche, mit Deinem Herzen zu sehen". „Ich dachte, Sie wären blind?" „Das bin ich auch, doch das heißt nicht, dass ich nicht sehen kann. Ich sagte doch, Du musst versuchen, mit Deinem Herzen zu sehen, so wie ich es tue, dadurch sehe ich mehr als viele andere."* **Ich schaute ihn ratlos an, er verwirrte mich und ich verstand nicht, was er meinte. Ich versuchte, einen klaren Gedanken zu fassen, als er mich plötzlich fragte:** *„Ich weiß, es ist schwer zu verstehen, aber wenn Du Deine Augen zumachst, dann wirst Du irgendwann verstehen. Deine Augen sind doch nur ein Teil Deines Sehens, verlass Dich nie nur auf Deine Augen."*

Ich versuchte weiterhin, mir Klarheit zu verschaffen, um ihn zu verstehen, doch es gelang mir nicht. *„Ich spüre, dass Du damit noch nicht zurechtkommst, zu vieles bedrückt Dich."*

„Woher wollen Sie das wissen?" **Er lächelte und sagte:** *„Wer würde sonst einem alten blinden Mann wie mir zuhören?*

Sage mir, was Dich bedrückte, bevor Du Dich neben mich setztest."

„Sie sagen doch, dass man auch mit dem Herzen sehen soll, dann sagen Sie mir doch, worum es bei mir geht." **Der alte Mann lächelte und antwortete ganz ruhig:** *„Liebe." „Wie bitte?" „Es geht um die Liebe." „Woher wissen Sie das?"* **Er lächelte und sagte:** *„Es geht fast immer um die Liebe, und so angriffslustig, wie Du bist, so reagiert auch ein verletzter Tiger, verwirrt, durcheinander und nach allem schlagend, was sich ihm in den Weg stellt." „Sorry, ich wollte Sie nicht angreifen, aber Sie haben Recht, es geht um die Liebe. Ich komme nicht mit ihr zurecht. Ich weiß nicht, wo meine Gefühle hin sollen, ich weiß nicht einmal mehr, wer ich bin."* **Der alte Mann lächelte und legte seinen Leierkasten beiseite. Nach einer Weile sagte er:**

„Mach Deine Augen zu.“ „Wie bitte?“ „Vertraue mir, mach Deine Augen zu.“ **Ich war verwirrt, aber ich vertraute dem alten Mann und schloss meine Augen. Eine Weile verging, dann fing er mit ruhiger und sanfter Stimme an zu erzählen.** *„Die Liebe ist das ein und alles und wird so oft egoistisch missbraucht. Es gibt vieles über die Liebe zu sagen, doch würde nur wenig davon zu verstehen sein. Die Liebe gehört zum Leben, man könnte auch sagen, die Liebe ist das Leben.*

Es war ein sonniger Tag gewesen, an dem ich verstand, was wahre Liebe bedeutet. Ich war im Urlaub, drei Monate in den Vereinigten Staaten von Amerika. Einen Urlaub, den ich nie vergessen werde. Ich war mit einigen Freunden an einem Ort, dessen Namen ich vergessen habe. Damals war ich noch nicht blind und konnte sehen wie Du. Der Ort war wunderschön. Grüne Felder, hohe Bäume, weite Steppen und hohe Berge. Wir genossen die Ruhe der Natur und wanderten viel. Wir sahen Tiere und vieles mehr, es war die wahre Natur. Eines Tages rasteten wir am Fuße eines großen Berges. Wir überlegten, den Berg zu bezwingen und während wir so sprachen und planten, legte ich mich ins grüne Gras und schaute in den blauen Himmel. Als ich im Gras lag, sah ich am Himmel einen dunklen Punkt, der sich im Kreis bewegte. Ich schaute genauer hin und erkannte, dass es ein großer Adler war. Ein herrlicher Anblick. Ich wünschte, frei wie dieser Adler zu sein, weit weg vom Boden, frei schwebend im Himmel, einfach nur frei zu sein. Und wie ich so träumte, fiel mir auf, dass der Adler immer denselben Kreis flog. Er schien keinen Millimeter davon abzuweichen. Ich fragte mich, was oder wen er beobachtete. Warum flog er immer über derselben Stelle? Ich versuchte, die Stelle auszumachen, die er überflog. Ich fühlte mich von dem Adler angezogen und er hatte mein Interesse geweckt. Es entstand eine besondere Zuneigung und Neugierde. Als ich erkannte, dass der Adler einen Vorsprung am Berg überflog, raffte ich mich auf und kletterte los. Immer höher kam ich, bis ich kurz vor dem Vorsprung war. Meine Freunde beobachteten mich, ohne zu wissen, was ich vor hatte, doch ich kletterte unbeirrt weiter. Ich beobachtete noch einmal den Adler am Himmel, ich hatte nicht vor, ihm zu nahe zu kommen und wollte nicht, dass er mich als Bedrohung ansah und angriff, doch er zog weiterhin seine Kreise weit oben am Himmel, ohne nur den Versuch zu machen näher zu kommen. Ich war mir bewusst, dass er jede meiner Bewegungen beobachtete, trotzdem ließ er mich gewähren.

Als ich auf dem Vorsprung stand, sah ich in einer Ecke ein zappelndes Etwas. Ich ging näher und erkannte einen kleinen Adler, der in einer Tierfalle gefangen war. Er konnte sich nicht befreien und war hilflos. Nochmals schaute ich in den Himmel, doch auch als ich dem kleinen Adler näher kam, änderte der große Adler nicht seine Höhe. Diese verdammte Falle, dachte ich und versuchte den Kleinen zu befreien. Aber immer wenn ich der Falle zu nahe kam, schnappte er nach mir. Er hatte Angst, auch meine ruhigen Worte konnten ihn nicht freundlich stimmen. Es dauerte eine ganze Weile, bis ich es schaffte, den Kleinen zu befreien, mit so wenig Kratzern und Blessuren, wie es mir nur möglich war.

Der kleine Adler versuchte sogleich, seine Flügel auszubreiten und davonzufliegen, doch er war so schwer verletzt, dass er nicht von der Stelle kam. Voller Zorn schmiss ich die Falle gegen einen Felsen, wodurch sie in mehrere Stücke zerbrach. Was machte ich jetzt mit dem Kleinen? Hier lassen konnte ich ihn nicht. Also musste ich ihn mitnehmen. Schon wieder stand mir ein schwerer Kampf bevor. Es war sehr schwierig, diesen kleinen Adler sicher nach unten zu bekommen und dabei alle Finger zu behalten, aber mit einigen Schrammen hatte ich es dann doch geschafft.

Als ich unten ankam, schauten mich meine Freunde überrascht an. Sie sahen den Adler und wussten, dass ich ihn mit auf die Farm, die wir für unseren Urlaub gemietet hatten, nehmen würde, um ihn zu pflegen. Ich sah noch einmal zum Himmel, aber der große Adler war fort.

Die ganze Zeit spürte ich eine ganz besondere Zuneigung zu dem kleinen Adler, auch wenn er es mir nicht gerade leicht machte. Ja, man kann sagen, dass ich den Kleinen von Anfang an liebte. Die Farm hatte eine große Scheune, in der ich ihn unterbrachte. Er hatte dort seine Freiheit, soweit es sein verletzter Flügel zuließ, und keiner konnte ihm mehr was anhaben. Ich besorgte mir Verbandszeug und einige Hilfsmittel, wie einen Maulkorb für Adler, Halteseile und Fleisch, um den Kleinen zu füttern. Jeden Tag war ich von morgens bis abends bei dem Kleinen, um ihn zu pflegen und zu füttern. Der Kleine wehrte sich mit Leibes Kräften gegen mich, und glaube mir, so ein kleiner Adler hat verdammt viel Kraft. Doch ich ließ nicht nach. Jeden Tag versuchte ich mein Glück aufs Neue.

Es dauerte zwei Wochen, bis er sich von mir füttern und ohne Gegenwehr pflegen ließ. Ich weiß nicht, ob es der Hunger, oder mein gutes Zureden war, das es vollbracht hatte, dass der Kleine mir langsam vertraute. Ich muss gestehen, meine Freunde vernachlässigte ich sehr, aber der Kleine wurde alles für mich. Wir gewöhnten uns immer mehr aneinander und wurden Freunde.

Seine Heilung schritt schnell voran und wir spielten viel miteinander. Ich spürte, wie der Kleine immer mehr ein Teil von mir wurde. Meine Freunde schauten sich das mit gemischten Gefühlen an und fragten immer wieder, was ich mit dem Kleinen vorhätte, was ich mit meinem Adler machen würde. Ich schaute sie dann lange an, sagte jedoch kein Wort. Frag nicht, warum ich nichts sagte, ich weiß es selbst nicht genau, aber zu der Zeit konnte ich nichts sagen.

Für mich war klar, dass ich den Kleinen mitnehmen würde.

Es waren noch zwei Wochen bis zur Abreise. Meine Freunde kamen freudestrahlend zu mir und sagten, dass sie eine Überraschung für mich hätten. Wir gingen in die Scheune und da stand ein großer Behälter. Verwirrt schaute ich den Behälter, dann wieder meine Freunde an. Sie sagten, sie hätten alles für mich geregelt und ich könnte den kleinen Adler mit nach Hause nehmen. ***Meinen Adler.***

Ich schaute sie lange verwirrt an. Ja, **mein Adler***. Ich sah ihn an und meine Gefühle überschlugen sich förmlich. Meine Freunde ließen mich dann allein, damit ich ihm beibringen sollte, dass die-*

ser Behälter nur zu seinem Besten sei. Ich schaute den Kleinen lange an. Immer wieder schossen mir die Worte, mein Adler ... sein Bestes... ***mein Adler ... sein Bestes****, durch den Kopf.*

Ich legte die Bescheinigung auf den Behälter ging zu dem Kleinen und spielte mit ihm. Er spürte meine Verwirrtheit und versuchte mich aufzumuntern. Er war wieder völlig gesund und des Fliegens mächtig. Wir spielten, bis er müde wurde, dann ließ ich ihn schlafen.

Ich saß lange Zeit auf einem Heuballen und beobachtete, wie der Kleine schlief. Mein Adler ... sein Bestes.

Ich saß die ganze Nacht dort, sah ihn an und weinte. Früh am Morgen stand ich auf und befreite ihn von seinen Halteseilen, dann ging ich zum Scheunentor und drehte mich noch einmal um.

Der Kleine schlief noch, dann öffnete ich das Scheunentor. Ich setzte mich vor der Scheune auf die Wiese und wartete. Meine Freunde kamen und sahen das offene Scheunentor. Niemand sprach ein Wort. Ich wartete, doch nichts geschah. Nach einer Weile ging ich wieder in die Scheune, dort saß er immer noch auf seinem Ast, den ich ihm damals besorgt hatte. Er sah mich verwundert an, ohne auch nur den kleinsten Versuch zu machen, loszufliegen. Ich setzte ihn auf meinen Arm und nahm ihn mit nach draußen. Dort warf ich ihn in die Luft. Sofort breitete er seine Flügel aus und flog höher und höher.

Als er schon sehr weit oben flog, schaute er auf mich herab und landete plötzlich direkt vor mir und wollte spielen. Meine Freunde freuten sich für mich und meinten, der Kleine hätte sich wohl für mich entschieden und dass jetzt alles gut sei, er wäre doch ***mein Adler****.*

Ich stand auf, nahm ihn auf meine Schulter und sagte keinen Ton. Mein Herz schien zu zerreißen.

Ich ging den ganzen Tag, der Adler saß auf meinen Schultern, ohne auch nur den kleinsten Versuch zu starten, loszufliegen.

Wir kamen an den Berg, auf dem ich ihn damals fand. Ich schaute in den Himmel, dort war er wieder, der große Adler. Ohne ein Wort kletterte ich auf den Vorsprung, wo einst eine wahre Freundschaft begann. Meine Freunde blieben zurück, sie waren sehr verwirrt. Ich setzte den Adler auf den Boden und er sah mich ratlos an. Mit Tränen in den Augen redete ich mit ihm und sagte, dass ich ihn liebe, **meinem Adler***. Ich weiß nicht, ob er meine Tränen oder meine Worte hörte, aber er verstand mich. Er breitete langsam seine Flügel aus. Er schien das mit Widerwillen zu tun, auch er war sehr traurig. Ich strich noch einmal über seine Federn, er berührte mit seinem Schnabel meine Hand und hob dann langsam ab. Er kreiste kurz über meinem Kopf, stieg dann höher und höher. Er flog bis zum großen Adler, mit Tränen in den Augen schaute ich ihm nach. Sie kreisten jetzt beide weit über uns und verschwanden dann in den Wolken. Nur noch ihren letzten Ruf hörte ich und verstand ihn auch.*

Ich verweilte eine Zeit und kletterte dann wieder zu meinen Freunden hinab, die wie angewurzelt dastanden. Sie fragten mich, warum ich das tat, es wäre doch mein Adler gewesen.
Ich schaute in den Himmel und antwortete:
Weil ich ihn liebe, und erst jetzt ist er **mein Adler***."*

Eine Weile verging und in mir drehte sich alles, doch bevor ich fragen konnte, sagte der alte Mann: *„Du wirst wissen wollen, warum ich ihn nicht behielt, als er bei mir bleiben wollte. Er sah meinen Schmerz und wollte nicht, dass ich leide, doch es wäre egoistisch gewesen, wenn ich ihn behalten hätte. Weil ich ihn von ganzem Herzen liebte, musste ich ihn ziehen lassen, weil ich ihn liebte, musste ich, ohne dabei an mich zu denken, sein Bestes wollen. Denn nur wer ehrlich liebt, versucht nicht, in der Liebe nur an sich zu denken, sondern lässt der Liebe ihren freien Lauf."*

Wieder verging eine Weile, bis er sagte: *„Ich bin glücklich, dass ich ihn habe ziehen lassen. Ich weiß, dass ich ihn nie wiedersehen werde, aber ich habe meine Liebe zu ihm bewiesen, denn ich habe das Beste für ihn gewollt, ohne dabei an mich zu denken. Das ist Liebe, lasse immer los, wenn Deine Liebe ziehen will oder muss, denn wenn Du ehrlich liebst, wirst Du ihrem Glück nicht im Wege* *stehen und ihr Glück wollen. So schwer das auch zu sein scheint. Wie kannst Du ehrlich lieben, wenn Du dabei nur an Dich denkst?"*

Es wurde sehr still um mich und ich dachte über alles nach. Ich öffnete meine Augen und der alte Mann war verschwunden. Ich schaute mich um, doch ich sah ihn nirgends. Einfach weg und doch war er noch da. In meinem Herzen spürte ich immer mehr Klarheit. Auch spürte ich, dass er mir seine Liebe gab, auch wenn ich ihn nicht mehr sehe.
Jetzt weiß ich, was Liebe heißt. Auch wenn es sehr schwer fällt, darf ich mich in der Liebe nicht vergessen, aber wenn meine Liebe ihr wahres Glück nicht bei mir findet, so muss auch ich loslassen, egal wie schmerzhaft es für mich ist.
Trotz meines Schmerzes darf ich nicht zulassen, dass ich gerade wegen meines Schmerzes meine Liebe festhalte an einem Ort, der nicht ihr Ort ist. Lieben heißt loslassen und doch füreinander da sein. Lieben heißt, seinen Schmerz überwinden und ihm trotzen, aus Liebe zum anderen. Und wenn ich liebe, darf ich meinen Schmerz nicht als Entschuldigung gelten lassen, um etwas zu halten, was ich nicht halten darf. Und ich bete zu Gott, dass er mir immer dabei helfen mag, wie der alte Mann, meine Liebe zu beweisen.
Ich habe gelernt von dem alten Mann, dessen Namen ich nicht einmal kenne, ich habe meine Fesseln gelöst und losgelassen. Es tut auch heute noch manchmal weh, aber ich werde nicht mehr egoistisch lieben.
Ich werde mein Bestes geben, bei der Liebe nicht nur an mich zu denken, wie kann ich jemals wirklich glücklich sein, wenn ich weiß, meine Liebe ist vielleicht zufrieden, doch nicht RICHTIG glücklich?

Die Liebe ist eine nicht erklärbare Sache, aber man kann lernen, sie zu hören. Wahre Liebe, das Loslassen und auch das Hören sind eine untrennbare Einheit.

Jemanden festzuhalten aus angeblicher Liebe, mit dem Wissen, dass die Liebe auf der anderen Seite nicht mehr vorhanden ist, das ist egoistische Liebe.

Ein anderes Wort dafür ist Sehnsucht.

Versuchen Sie nie, etwas zu halten, was nicht gehalten werden kann. Wenn Sie richtig lieben, dann müssen Sie auch in der Lage sein loszulassen. Wie groß oder klein muss Ihre Liebe sein, wenn Sie über die wahren Gefühle des anderen hinwegsehen?

Eine Träne in meinem Auge

es tut weh.
Weiß, dass der Schmerz dazugehört,
nur wusste ich nicht, wie tief er geht.
Liebe kommt,
Liebe geht,
das habe ich Dir immer gesagt.
Nun habe ich Angst davor!
Werde mich doch meiner Aufgabe stellen
und mit Stolz und Ehre
Dir alles Gute wünschen auf Deinem Weg.
Doch auch mit Trauer.
Du siehst meine Tränen nicht,
wirst sie wohl auch nicht mehr sehen?
Werde für Dich da sein,
egal wie Du Dich entscheidest.
Nur weiß ich nicht als was.
Partner, Freund oder vielleicht nur,
als jemand, der in der Not für Dich da ist.

Mag sein, was ist,
bin nicht sein Feind,
vielleicht aber sein Retter!

Liebes Schicksal

Du allein
schaust in mein kleines Herz hinein!
Schieße ich auch schon mal übers Ziel hinaus,
kommt es aus dem Tiefsten meines Herzens raus!
Sie soll bitte nicht böse sein,
mein Herz ist doch noch so klein.
Ich weiß, sie ist nicht mein,
doch für mich wird sie immer die Größte sein!
Darum wünsche ich mir hier
ganz allein von Dir,
nicht wichtig, WO sie glücklich ist,
ob hier, ob dort,
nur halte das Unglück von ihr fort!
Möchte sie wieder nur lächeln sehen,
kannst Du mein weinendes Herz verstehen?!
Nun wünsche ich Dir eine gute Nacht,
gib auf sie und ihre Kinder Acht!

KAPITEL 6

Verantwortung für Kinder und Partner/in

Wie soll ich mit meiner Verantwortung umgehen?

Nun werden wieder Zweifel kommen: *„Aber die Kinder oder mein Partner.“*
Sollten diese Zweifel auch bei Ihnen entstehen, dann schauen Sie nicht mehr weg, sondern der Wahrheit ins Gesicht.
Mir ist bewusst, dass natürlich auch die Angst wieder größer wird, den Kindern oder dem Partner weh zu tun.
Es ehrt Sie, dass Sie sich Sorgen um den anderen machen, doch gerade damit belügen Sie sich selbst, vorausgesetzt, dies sind Ihre Ängste.
In diesem Kapitel möchte ich über Verantwortung schreiben.
Verantwortung den Kindern, dem Partner und vor allem sich selbst gegenüber. Anfangen möchte ich bei den Kindern.
Sollten Sie selbst in einer Beziehung stecken, in der Sie oder der Partner keine Liebe mehr für den anderen empfindet, dann ist die Trennung meist nur eine Frage der Zeit. Sie spielen Ihren Kindern eine Scheinwelt vor, denn die Wahrheit sieht ja anders aus.
In vielen Gesprächen höre ich dann, *aber sie bekommen es ja nicht mit.* **Hallo**, noch jemand da?

Glauben Sie diesen Blödsinn wirklich, oder ertappen Sie sich gerade bei einer Selbstlüge?
Verzeihen Sie mir meine Offenheit, mir liegt es fern, Ihnen weh zu tun oder in Wunden zu bohren.
Ich möchte Sie nur wachrütteln, **weil Sie es wert sind!**
Kinder bekommen viel mehr mit, als einem manchmal lieb ist.
Ein Beispiel aus meinem Leben soll dies verdeutlichen.
„Meine Traum" hat zwei wunderschöne Kinder, sie waren damals sieben Jahre, als ich das Glück hatte sie kennen zu lernen. Wir waren zu dieser Zeit schon ein Paar, doch vor ihnen sollte das **noch** geheimgehalten werden. Sie hatte viele Ängste, eine davon war, dass sie ihr Gefühl zu mir noch nicht einordnen konnte und wollte, da sie diese Gefühle in dieser Form noch nie hatte. Eine andere Angst war, dass sie ja nicht wissen konnte, wie sehr ich sie wirklich liebte und ob ich bei ihr bleiben wollte.
So war ihre Entscheidung, ihren zwei Hübschen eine gewisse Zeit nichts davon zu erzählen, eine kluge Entscheidung.
Wir küssten uns nie vor ihnen und hielten nicht einmal unsere Hände in ihrer Nähe, beide blieben wir in ihrem Beisein auf Distanz. Wir versuchten, ihnen etwas vorzumachen, wir versuchten, ihnen zu zeigen, dass wir nur gute Freunde wären.
Wir trafen uns nur selten mit den beiden gemeinsam und meistens sah es dann so aus, als wäre es Zufall. Wenn wir uns trafen, dann heimlich irgendwo anders oder ich fuhr abends, wenn die zwei schliefen, zu ihr. Beide haben wir gedacht, wir wären clever, doch clever waren die zwei hübschen Kleinen.
Eines Abends brachte ich ihre beste Freundin zu ihnen mit ihrer siebenjährigen Tochter. Die Freundin sollte auf die zwei aufpassen, da „mein Traum" und ich zur Welturaufführung des Musicals **„Die 13 ½ Leben des Käpt`n Blaubär"** eingeladen waren. Ihrer Tochter erzählte diese Freundin, dass ich nur ein guter Bekannter von ihrer Freundin sei und nur zufällig vorbeikäme und sie somit mitnehmen konnte. Die Kleine nahm das anscheinend auch erst mal so auf, wir alle gaben uns sehr viel Mühe, die Wahrheit zu verheimlichen. So setzte ich beide eine Straße vor der

Wohnung ab, mit der Begründung, dass ich zur Arbeit fahren müsse. So ging die Freundin mit ihrer Tochter zum Babysitten und als sie in der Wohnung ankam, sagte sie direkt, um bei allen drei Mädchen kein Gespräch darüber aufkommen zu lassen. „Der Heiko hat uns gefahren, er ist ein guter Bekannter von eurer Mama. Er muss jetzt aber zur Arbeit", dabei wartete ich im Wagen eine Straße weiter auf meinen Traum. Gut ausgedacht, dachten alle, doch ihrer kleinen Tochter reichte das nicht und sie ging zu den beiden Hübschen und fragte: *„Wer ist der Heiko?"* Die Antwort kam prompt und glauben Sie mir, ich konnte mir ein Schmunzeln nicht verkneifen, als sie mir im Auto dann erzählte, was dann geschah. Ihr und ihrer Freundin jedoch ist die Kinnlade runtergefallen.
Dies zum Thema Kinder bekommen es nicht mit.
Ganz locker, und als wäre es das Normalste der Welt, sagte eine von ihnen so ganz nebenbei:

„Ach ja, in den ist die Mama ja verliebt."

Die Mütter unter Ihnen haben sicher ganz ähnliche Erlebnisse damit gehabt, dass Kinder in jedem Alter eine ganze Menge mitbekommen, auch wenn sie nicht alles verstehen und umsetzen können.
Glauben Sie nie, Ihre Kinder wären dumm.
Sie sagte die Wahrheit, noch kurioser war, dass sie dies aussprach, bevor ihre Mutter sich ihre Gefühle selbst eingestehen wollte und konnte.
Sie haben Verantwortung Ihren Kindern gegenüber. Natürlich sollen Sie Ihren Kindern nicht alles sofort klarmachen, doch ihnen eine Scheinwelt vorzumachen, das ergibt erst recht keinen Sinn.
Als Hinweis, dieses Thema ist nur für die Menschen gedacht die es betrifft und wo die Liebe **nicht mehr da** ist.
Diesen Menschen stelle ich die Frage:

„**Was** wollen **SIE IHREN KINDERN** vormachen?"

Eine Scheinwelt, eine Lüge?

Leider stecken manche Frauen in Beziehungen, in denen ihre Männer ihnen körperliche Gewalt antun. Forscht man bei diesen Frauen nach, so erfährt man häufig, dass auch ihre Mütter von ihren Vätern geschlagen wurden. Die eine oder andere von ihnen schafft es, sich zu trennen, meist landet sie dann bei dem nächsten, der sie schlägt. Bei solchen Männern ist das meist nicht anders, der Vater schlug auch die Mutter.
Eine unterbewusste Schiene.
Haben Sie noch nie gesagt, so wie meine Eltern würde ich das nie machen! Aber heute, wo sie selbst Eltern sind, ertappen Sie sich dabei, doch genau Dasselbe zu tun?
Nun haben wir festgestellt, dass Kinder häufig ihren Eltern nacheifern.
Verständlich, Mama und Papa sind Vorbilder und Idole!
Fassen wir zusammen: **Sollten** Sie in einer Beziehung leben, in der die Liebe nicht mehr vorhanden ist, dann bekommen die Kinder es irgendwann mit und werden Ihnen nacheifern.
Es reicht nicht aus, seinen Partner nur zu mögen, außer Sie wollen, dass auch Ihre Kinder auf die Liebe verzichten und nur Partner suchen, die sie nur mögen. Sagen Sie bitte nicht, man würde sowieso besser ohne Liebe leben, nur weil **Sie** eine Ausrede für sich selbst brauchen.
Lassen Sie es nicht zu, dass **IHRE** Kinder **IHRE** Vergangenheit mit sich tragen müssen, geben Sie ihnen eine faire Chance und die Möglichkeit, ihre eigenen Erfahrungen zu machen und vor allem die Liebe kennen zu lernen. Wir reden nicht von Vermutungen oder Meinungen, sondern von traurigen Fakten. Sollten Sie Ihre Kinder lieben, so haben Sie auch die Verantwortung dafür, Ihren Kindern eine ehrliche Chance zu geben und ihnen beizubringen, mit der Wahrheit umzugehen.
Aber wie wollen Sie das schaffen, wenn Sie ihnen eine Scheinwelt vorleben?
Natürlich ist auch der richtige Zeitpunkt wichtig. Hier ist es aber wieder Ihre Aufgabe, der Wahrheit treu zu bleiben und sich selbst nichts vorzumachen.

Ich kann die Sätze: *Sie sind noch zu jung oder sie verstehen das noch nicht,* **oder noch schlimmer**, *ihnen geht es doch so besser,* förmlich hören.
Sie sind selbst zerrissen, haben sich eine Scheinwelt aufgebaut und wollen trotzdem noch erkennen und entscheiden, was richtig ist und was falsch?
Bitte seien Sie erst einmal ehrlich sich selbst gegenüber, schauen Sie in den Spiegel und sagen Sie sich die **Wahrheit**.
Das Richtige zur richtigen Zeit zu tun ist nicht immer einfach, aber wichtig.
Nehmen wir ein weiteres Beispiel, es soll Ihnen helfen, sich die Wahrheit einzugestehen.
Es geht hier um einen Mann, der seine Kinder von Herzen liebt, und versucht, für sie da zu sein. Doch von seinem Wesen her ist er ein Mensch, der sich eher mit sich selbst beschäftigt. Er ist ein Einzelgänger und so kommt es, das er sich zwar um sie kümmert, jedoch nicht so sehr, wie es sein sollte.
Verurteilen Sie bitte die Menschen nicht für ihr Wesen, ihre Natur oder ihren Charakter, ansonsten müssten Sie sich selbst auch für Ihr Wesen, ihre Natur oder ihren Charakter verurteilen, auch der passt nicht überall hinein.
Es geht nicht darum, zu verurteilen, man kann keinen Menschen für sein Wesen, seine Natur oder seinen Charakter verurteilen.
Zurück zu dem oben erwähnten Mann.
Er ist ein guter Mann und liebt seine Kinder wirklich, doch er kann nicht aus seiner Haut.
Es ist seine Natur und Menschen gegen ihre Natur zu verändern, das funktioniert nun mal nicht.

Nach einiger Zeit trennen er und seine Partnerin sich. Er sieht sie so häufig er möchte und hat seine Kinder alle 14 Tage das ganze Wochenende.
Nun haben Sie einen Vater, der mehr für sie da ist als vorher, denn er bringt ihnen viel mehr Aufmerksamkeit entgegen und kann trotzdem sein Leben leben.

Vielleicht hat er jetzt sein Glück gefunden und lebt selbst zufriedener mit jemanden in einer Beziehung, in der seine Natur, sein Wesen und sein Charakter besser mit dem der Partnerin zusammenpassen.
Zur selben Zeit hat die Mutter der Kinder eine neue Beziehung, und der neue Partner wird zu einem guten Freund der Kinder.

Natürlich gibt es auch noch viele andere Möglichkeiten.

Wie es auch sein mag, bitte versuchen Sie nicht, einen Menschen gegen seine Natur zu verändern.

Natürlich verändern sich die Menschen andauernd und viele sind auch bereit, sich zu verändern und anzupassen, doch nicht gegen ihre eigene Natur! Denn sie macht diesen Menschen zu dem, was er ist.
Außerdem haben SIE die Verantwortung Ihren Kindern gegenüber und sollten ihnen helfen, in der wahren Welt groß zu werden und nicht in einer Scheinwelt, auch SIE sollten lernen, zu Ihrer eigenen Natur und zu sich selbst zu stehen.

Leben und leben lassen!

Vergessen Sie bitte nicht:
Ihre Kinder haben es verdient, damit sie irgendwann ein glückliches Leben führen können, mit all seinen Höhen und Tiefen.

Da Ihre Zukunft
und die Ihrer Kinder
noch nicht geschrieben ist,
machen SIE sie!

An einem Ort

wo man nicht sein möchte,
mit einigen Menschen,
bei denen man nicht sein möchte,
in einer Situation,
in der man nicht sein möchte,
da bleiben noch die Gedanken und die Träume.

Sie sind frei und sind Dein,
lass sie frei und fliegen,
sie schweben an den Ort, wo Du sein möchtest,
mit Menschen, bei denen Du sein möchtest,
in eine Situation,
wo auch Du frei und glücklich bist.
Und spürst Du gerade ein wohliges Gefühl in Dir,
dann weißt Du,
Du bist angekommen und ich sage zu Dir
„Hallo mein Traum."

KAPITEL 7

Verantwortung demjenigen gegenüber, den man nicht mehr liebt

Betrifft mich das noch?

In diesem Kapitel geht es wieder um das Thema Verantwortung. und zwar demjenigen gegenüber, den man **nicht mehr** liebt!
Es gab eine Zeit, da war man mit dem Partner glücklich. Man hat zu spät bemerkt, dass die Liebe schwächer wurde und verschwand. Es kommt die Zeit, da man resigniert und Treue und Vertrauen verlieren ihren Wert. Mag sein, dass der **Noch**-Partner noch eine besondere Bedeutung für einen hat.

Sie bedeuteten sich gegenseitig einmal so viel und heute mag man sich vielleicht noch und schätzt sich auch, doch was früher war, ist Vergangenheit und vorbei, gerade darum frage ich **SIE:**

Möchten SIE,

dass man über Ihre Gegenwart und Zukunft entscheidet?

Möchten **SIE**, dass man Ihr Leben verbaut?

Möchten **SIE**, dass man mit **IHNEN** spielt?

NEIN???

Dann sollten auch **SIE** das nicht mit dem oder der anderen tun! Viele Menschen verlaufen sich und verlieren die Übersicht über die wahren Werte und vor allem verlieren sie sich selbst aus dem Blick.
Sollten Sie in einer Beziehung leben, in der Sie den Partner nicht mehr lieben, dann stehen Sie gerade Ihrem Partner auch im Wege, selbst wenn er oder sie es nicht einmal weiß.
Meist bleibt man länger in einer Beziehung, als es gut ist. Man sucht Ausreden und belügt sich selbst. Man argumentiert mit den Kindern, dem gemeinsamen Haus und so weiter, diejenigen die es betrifft, wissen, was ich meine. Die Wahrheit tut weh. Sollten Sie sich in dem oben Beschriebenen wiederfinden, so vergessen Sie nicht, dass Ihr Partner sein Glück finden könnte, vorausgesetzt, er oder sie können es sehen. Das geht aber nur, wenn beide frei sind und die Wahrheit kennen. Halten Sie an der Beziehung fest oder lassen Sie es zu, dass der oder die andere daran festhält, entscheiden **SIE** auch über deren Zukunft.
Die meisten Menschen haben Angst davor, eine Beziehung zu beenden, weil sie Angst haben, dem anderen weh zu tun.
Das werden Sie sowieso irgendwann tun müssen, man kann nicht ewig vor der Wahrheit weglaufen.
Nur die Zeit, die man verloren und dem anderen weggenommen hat, die kommt nicht wieder.
Die Gefahr ist, dass der Schmerz größer geworden ist, er ist angewachsen und der eventuell richtige Partner für den anderen ist dann vielleicht bereits schon vorbeigezogen.
Doch es muss nicht so kommen.

Kennen Sie den Spruch:

Lieber ein Ende mit Schrecken als ein Schrecken ohne Ende?

Damit meine ich nicht, dass jede Beziehung, in der die Liebe verschwunden ist, ein Schrecken sei.

Doch sie kann es werden, wenn man wach wird.

Natürlich kann man auch versuchen, eine Beziehung ohne Liebe aufrechtzuerhalten, der Kinder wegen oder aus einem anderen

Grund, vielleicht auch, weil Sie glauben, nicht allein sein zu können. Dies alles ist dann Liebe auf Zeit und Sie verhindern, dass der oder die andere mit jemand anderem wirklich glücklich wird. Und was lernen Ihre Kinder?

Haben sie das wirklich alle verdient?

Sie haben Verantwortung dem Menschen gegenüber, den sie einst liebten, machen Sie nicht dessen Zukunft kaputt!

Bitte kommen Sie nicht damit, dass die andere Seite ja damit anfangen soll. Mag sein, dass die andere Seite nicht die ganze Wahrheit sehen will, oder sie wirklich nicht sieht.

Sie jedoch kennen die Wahrheit, nicht wahr?

Verantwortung, Fairness, Vertrauen, dies sind Worte voller Bedeutung. Viele Menschen verlieren ihre Werte und werden erst sich und dann dem Partner untreu, sie verlaufen sich, sind nicht mehr ehrlich zu sich selbst, betrügen sich und dann auch den Partner.

Zwei Menschen sind betrogen worden, vielleicht sogar drei.

Soll so auch das Leben Ihrer Kinder aussehen?

Auch ich kann mich davon nicht freisprechen, auch ich **hatte** mich damals verlaufen. Ich war selbst mein größter Feind, bin zwar ihr, doch nicht mehr mir treu geblieben, **war** auf der Flucht vor mir! Weiß nicht mehr, wie viele Ausreden ich gefunden habe, um mir selbst etwas vorzumachen.

Mir ist erst viel zu spät aufgefallen, was da wirklich passiert ist, habe sehr viel verloren, auch das Wichtigste in meinem **bisherigem** Leben, *„meinen Traum und ihre zwei Hübschen“*, doch habe ich zumindest daraus gelernt. Müssen **SIE** auch erst so viel verlieren, **um zu erkennen**?

Jedes Ende bedeutet sogleich einen neuen Anfang, auch für mich!

Ich verurteile diejenigen, die sich und ihrem Partner untreu werden, nicht, sondern möchte Sie nur darauf hinweisen, was Sie tun, es ist **kein** Kavaliersdelikt, es ist Betrug, egal wie Sie es drehen.

Es ist Betrug der Person gegenüber, der sie Hoffnung machen, dem Partner und **auch** sich selbst gegenüber.

Wie fühlen Sie sich dabei?

Suchen Sie keine Ausreden und belügen Sie sich nicht mehr selbst, verharmlosen Sie diese Geschehnisse nicht mehr. Glauben Sie mir, das hat der oder die andere nicht verdient.
Jetzt könnte man sagen, was der andere nicht weiß, macht ihn nicht heiß.
Was ist, wenn die Wahrheit herauskommt, hat derjenige es **dann** verdient? Das würde bedeuten, erfährt er es nicht, ist es o. k., erfährt er es, dann ist er selbst Schuld?
Sie möchten fair behandelt werden, Sie möchten, dass Ihre Kinder fair behandelt werden, was glauben **SIE**, bei wem man den anfangen sollte?
Ich möchte diejenigen, die es **betrifft,** nur darauf hinweisen, dass Sie auch für den oder die eventuelle zukünftige Ex Verantwortung tragen, solange Sie mit dieser Person zusammen sind

Bleiben Sie vor allem sich selbst TREU und sehen Sie in sich hinein mit der Frage, ob die andere Seite wirklich verdient hat, dass sie deren Zukunft verbauen.

Sie vertraut Ihnen.

Sie sind verantwortlich

für das, was Sie tun,
aber auch für das, was Sie nicht tun!

Es ist trüb

manchmal regnet es,
einfach ein Wetter zum Träumen!

Da sehe ich schon ein Bild,
es bringt ein Lächeln auf meine Lippen
und Wärme in mein Herz!

Selten hat ein Bild solch eine Harmonie,
innerliche Ruhe und Frieden in mich einkehren lassen!

Habe zum ERSTEN Mal das Gefühl, zu Hause zu sein,
dabei sehe ich nur dieses Bild!

Sehe, wie es mich anlächelt!

Sehe dieses Bild und danke DIR,
denn das Bild, das ich sehe,
das bist DU, mein Traum!!!

KAPITEL 8

Verantwortung, Vertrauen und sich selbst vertrauen

Zeit für mich!

In diesem Kapitel geht es um Verantwortung und Vertrauen, vor allem sich selbst gegenüber.

Die „Fähigkeit", sich vor seinen eigenen Gefühlen zu verschließen, ist **KEINE** gute Eigenschaft, doch leider wird sie sehr häufig ausgelebt. Oft bekam ich auf die Frage:

„Wer ist der wichtigste Mensch in Deinem Leben?" zur Antwort: *„Meine Kinder"*, oder *„Mein/e Partner/in"*.

Nun, sollte das auch Ihre Antwort sein, machen Sie aus sich selbst einen Menschen zweiter Klasse, da Sie sich hinten anstellen. Nochmals zur Erinnerung: Sie wurden nackt und alleine geboren, und so werden Sie auch wieder gehen, alles andere ist Ihnen nur zeitweise geliehen, selbst Ihre Familie.

Sie müssen für sich der wichtigste Mensch sein. Das bedeutet nicht gleich, dass alle anderen, auch ihre Kinder, unter Ihnen stehen. Sie sollten neben Ihnen stehen, doch keinesfalls vor Ihnen. Sie tragen vor allem die Verantwortung für sich und Ihre Gefühle, dann stehen Sie bitte auch dazu und laufen Sie nicht davor weg. Vergessen Sie nicht, Ihre Kinder, sollten Sie welche haben, eifern Ihnen nach. Das bedeutet, wenn Sie sich immer hinten anstellen in Ihrer Familie und sich somit zweitrangig machen, werden Ihre Kinder das später genauso machen. Sie werden erzogen zu Menschen zweiter Klasse.

Das kann kein gutes Ziel sein!

Vielleicht haben Sie das ja auch von Ihren Eltern übernommen?!
Vielleicht wussten Sie es auch nicht besser?!
Ihre Kinder sind aber mehr wert,

GENAUSO, WIE AUCH **SIE** ES SIND!

Sie haben auch die Verantwortung dafür, Ihren Kindern beizubringen, ihr Leben zu leben. Machen Sie es ihnen vor. Trauen Sie sich, **SIE sind es wert**!
Im Laufe der Jahre habe ich festgestellt, dass viele Menschen sich verschlossen haben. Meist waren es schlechte Erfahrungen, die dazu geführt haben, dass sie fliehen.
Sie identifizieren sich sehr stark mit dem Leben ihrer Kinder und benutzen sie dafür, nicht nach sich selbst zu schauen.
Glauben sie nicht auch, dass Ihre Kinder es besser fänden, Sie wären glücklich?
Man kann sich natürlich mit so vielem beschäftigen, dass man keine Zeit für sich selbst mehr hat, nicht wahr?
Ich höre schon die „Flüchtlinge" vor ihren Gefühlen:

„Nein, ich habe wirklich so viel um die Ohren und ..."

Ist es wirklich so, oder ist es nicht so, dass Sie sich vieles auch antun, damit Sie fliehen können? Ist es nicht so, dass es eine Frage der Prioritäten ist? Nein, mir brauchen Sie diese Fragen nicht zu beantworten, schauen **SIE** in den Spiegel, schauen Sie sich selbst in **Ihre Augen**, verweilen Sie etwas und geben Sie sich selbst die Antwort. Mir ist bewusst, dass Sie viel zu tun haben, das haben andere auch, manche sogar noch mehr, sind aber mit sich im Reinen und stehen zu ihren Gefühlen, vergessen sich nicht und bekommen das trotzdem in den Griff. Warum **SIE** nicht? Mal ehrlich!
Glauben Sie mir, das sind keine Götter, sie sind Menschen wie **SIE** und ich. Der Unterschied ist, dass sie verstanden haben, dass sie nur ein Leben haben und somit haben sie nichts zu verschenken. Sie wissen, dass sie Verantwortung auch ihren ei-

genen Gefühlen gegenüber haben und nehmen ihr eigenes Leben in die Hand. Sie laufen nicht mehr vor ihren Gefühlen davon, lassen sich nicht mehr von der Vergangenheit leiten und vertrauen sich selbst wieder. Wenn Sie Ihren Gefühlen nicht mehr vertrauen, wem wollen Sie dann vertrauen? Trauen Sie sich und nehmen Sie Ihr Leben in die eigenen Hände, stehen Sie zu Ihren Gefühlen.
Verstecken Sie sich nicht mehr hinter Ihren Kindern, ihrer Familie, der Arbeit, oder etwas anderem.

Kein Mensch hat es verdient, sich verstecken zu müssen,
auch **SIE** nicht!
Leben Sie **Ihr** Leben,
leben Sie Ihre Gefühle und leben Sie IHRE Liebe!

Ein Zen-Meister sagte einmal:
„Lebe egoistisch, aber niemals egoistisch!"

Meine Augen

die werden nach Dir suchen!
Meine Hände,
die werden nach Dir tasten!
Mein Gehör,
das wird Deiner Stimme lauschen!
Meine Arme,
die werden sich nach Dir sehnen,
und meinem Herzen,
dem wirst Du fehlen!

Ein Morgen,

ohne in Deine Augen zu sehen,
ist wie ein Regenbogen ohne Farben!
Den Tag zu beginnen, ohne Dich zu spüren,
ist wie Tanzen ohne Musik!
Einen Morgen, ohne Deine Lippen zu küssen,
ist so schwer,
dass ich ihn gar nicht beginnen mag!
Es tut so weh,
am Morgen ohne DICH zu sein!

Doch werde ich warten
auf den Tag,
an dem ich Dir
beim Aufwachen zusehen darf!

Die Nacht ist voller Gedanken und Träume

Sie sind gefüllt von Kummer und Sorgen,
von Glauben und Hoffnung.
Sie gehen in alle Richtungen,
schweben hin und her.
Sorgen werden wieder größer.
Mein Herz füllt sich mit Tränen,
doch weinen tut es nicht,
denn es sieht ein Gesicht.
Ein Bild mit einem Gesicht und es sieht Licht.
Dieses Gesicht macht es wieder hell in dieser Nacht.
Es ist ein ganz besonderes, wundervolles Gesicht!
Mein Traum, es ist Deines, das mir Leben schenkt!
Dafür danke ich Dir!!!
Weiß, dass Du es nicht leicht hast,
werde zu Dir stehen!
Nur sollten wir lernen, miteinander umzugehen!
Darum sende ich Dir einen Traum, gefüllt mit Glauben,
Hoffnung, Liebe, Geborgenheit, Zuversicht,
Rücksicht und Wärme!
Er wird sich gerade jetzt, wo Du schläfst
in Dich hineinschleichen und Dich ganz festhalten!
Schlafe fest weiter,
sicher mit mir in Deinem Herzen!

DEIN SHADOW

KAPITEL 9

Flucht vor der Wahrheit

Flucht ohne Sinn

Vieles von dem, was Sie bisher gelesen haben oder noch lesen werden, wissen Sie im Grunde bereits schon, nicht wahr?
Für viele ist es nichts Neues, doch häufig ist es so, dass wir die Wahrheit nicht mehr sehen oder sehen wollen.

Wir sehen den Wald vor lauter Bäumen nicht.

Viele haben sich verlaufen, haben die Wahrheit verdrängt oder nicht beachtet, Ausreden gefunden, die uns helfen sollen, nicht zu sehr zu sehen, was wirklich ist.

Ist die Wahrheit wirklich so schlimm
oder haben wir es erst schlimm werden lassen?

Häufig habe ich gemerkt, dass die Wahrheit anfangs gar nicht so schlimm war, wir standen nicht zu ihr, dann fing die Lüge an zu wachsen.

Wo ist der Anfang einer Lüge?
Wo fangen wir an zu unterscheiden?

Die meisten Menschen beschweren sich, wenn sie Situationen oder Geschehnisse sehen und andere, die dort einschreiten könnten, nur vorbeischauen.
Aber ist es nicht so, dass die meisten gerade bei der Wahrheit genau das Gleiche machen, sie schauen weg, vor allem bei der Wahrheit, die sich auf sie selbst bezieht?
Es ist einfacher zu lügen oder, um es schonender zu sagen: sich etwas vorzumachen.

Können Sie lügen?

Viele werden jetzt sagen: *„Ich? Nein, ich kann nicht gut lügen."* Leider darf ich die meisten unter Ihnen eines Besseren belehren. **Einen** Menschen können Sie ganz gut belügen, nämlich sich selbst. Es gibt niemanden, den sie besser belügen können. Da stellt sich die Frage: Wie möchte man den anderen die Wahrheit sagen, wenn man sich selbst belügt?
Also muss ich doch auch alle anderen belügen oder erzähle ich Ihnen etwas anderes als mir selbst?

Ist die Wahrheit wirklich so grausam?
Was hat uns zur Selbstlüge gebracht?

Die Wahrheit auszusprechen wäre manchmal sehr schlimm gewesen, und Angst hat dafür gesorgt, dass wir sie dann verschwiegen. Einmal, zweimal, dann ist es noch häufiger geschehen. Ist es nicht so, dass wir die Wahrheit zu lange verschwiegen haben, um anderen nicht weh zu tun, was dazu führte, dass wir sie nur hinausgezögert und dadurch alles nur noch schlimmer gemacht haben?
Wollten wir wirklich den anderen schützen, indem wir die Wahrheit verschwiegen, oder war das nicht wieder eine Selbstlüge und wollten wir uns nicht selbst schützen?
Da stellt sich natürlich die Frage:

Wovor wollten wir uns schützen?

Häufig ist es so, dass, wenn wir die Wahrheit eher gesagt hätten, viele Schmerzen schon vorüber wären. Nehmen wir als Beispiel die Beziehung, in der die Liebe verschwunden ist. Man beendet sie nicht und flieht in Lügen. Bisher ist die Antwort von Menschen, die eine langjährige Beziehung beendet haben, einheitlich:

Wir hätten uns schon viel eher trennen müssen!

Nun, Sie haben es in der Hand gehabt, es hinausgezögert, nun stehen Sie vor dem Scherbenhaufen, der schon hätte hinter beiden liegen können und beide hätten auch schon glücklich mit anderen sein können. Stattdessen belügt man sich selbst, sieht die offensichtliche Wahrheit nicht und schiebt alles vor sich her, bis es nicht mehr geht.

Wie sieht es wirklich in Ihnen aus?

In diesem Kapitel werden viele Fragen gestellt. Versuchen Sie doch eine nach der anderen ganz ehrlich zu beantworten. Auch wenn es weh tut, Sie haben es verdient, der Wahrheit ins Auge zu schauen. Sie sind es wert, Ihr Leben in die Hand zu nehmen und es zu leben, doch dazu gehört auch, sich der Wahrheit zu stellen.

Es stellt sich die Frage:
Was ist mir mein Partner oder zukünftiger Ex-Partner wert, wenn er mir nicht mehr wert ist als eine Lüge?

Ich habe sogar den Satz schon einmal gehört:

Lügen sind auch schon mal gut.

Oh, Sie reden jetzt von der einen oder anderen Notlüge?
Notlügen sind Lügen in der Not, wie der Name schon sagt.
Zumeist liegt jedoch gar keine wirkliche Not vor.
Nehmen wir als Beispiel das Fremdgehen, den Seitensprung.
Wo liegt denn hier wirklich die Not?
Oder ist es nur eine Herausforderung, ein Reiz? Auf die Frage, warum jemand dies getan hat und nicht dann lieber eine offene Beziehung vorzog, bekam ich die Antwort:

Wo ist dann der Reiz?

Wo bitte liegt denn hier der Reiz, bei dem Verbotenen und Geheimnisvollen? Doch dann seien Sie sich auch bewusst, dass der Partner so **wenig** wert war oder ist.
Er oder sie ist nicht mal mehr die Wahrheit wert, er oder sie war und ist somit nichts anderes als eine Lüge.

Hat er oder sie das wirklich verdient?

Fremdgehen ist **KEIN** Kavaliersdelikt!

Wer behauptet, Lügen wären gut, der sollte sich die Frage stellen, ob diese Lügen auch gut sind, wenn **jemand anderes** dafür den Kopf hinhalten muss oder durch Lügen sogar dazu gebracht wurde sich oder anderen Schlimmeres anzutun?

Wer behauptet, Lügen wären gut, der sollte sich die Frage stellen, ob diese Lügen auch dann gut sind, wenn sie Ihre eigenen Kinder betreffen?

Wenn Sie sich etwas vormachen, so haben Sie bereits gelogen und somit auch dem anderen etwas vorgemacht.
Nein ich verurteile nicht, wenn Sie sich nun verurteilt fühlen, dann schauen Sie in den Spiegel und Sie sehen, **WER** Sie verurteilt hat.
Seien Sie **fair** zu Ihrem Gegenüber, Sie möchten doch auch, dass man Ihnen Fairness entgegenbringt. Sollten Sie Erlebnisse hinter sich haben, wo man Ihnen dies antat, dann stellen Sie sich mit solchen Menschen nicht auf eine Stufe und befreien Sie sich aus diesem Kreislauf.
Wir haben alle schon schlechte Erfahrungen gemacht, berechtigt uns das dazu, anderen ebenfalls schlechte Erfahrungen zuzufügen?
Wer ohne Sünde sei, der werfe den ersten Stein, wird der ein oder andere nun sagen.
Diejenigen frage ich, brauchen Sie dies als Rechtfertigung, Ausrede oder als Entschuldigung?

Vieles ist auch darum geschehen, abgesehen vom Fremdgehen, weil nicht miteinander geredet wurde, weil das Hören fehlte und/oder man vor sich und der Wahrheit floh.
Man pickte sich einige Details aus dem Wahrgenommenen heraus und versuchte damit, ein großes Bild zu malen.
Viele Picassos hat diese Welt, nicht wahr?!
Man interpretierte und dachte zumeist negativ.

Interpretieren Sie nicht, fragen Sie nach!

Häufig würde man viel weiter kommen, wenn man fragen würde und der Antwort zuhört. Haben Sie sie nicht verstanden, dann fragen Sie noch einmal.

Es gibt keine dummen Fragen,
jedoch ist es dumm, eine Frage zu unterlassen.

Wir lassen uns von unseren Ängsten leiten, statt unseren Ängsten zuzuhören und sie zu leiten. Man sieht die Welt aus dem eigenen Blickwinkel, sie besteht aber **nicht** aus diesem Blickwinkel.

Sie ist, wie sie ist!
Laufen Sie nicht mehr vor der Wahrheit weg.
Stellen Sie sich Ihrem Leben!

Vergessen Sie nicht: **SIE** sind ein Geschenk!

Sagen Sie nicht, Sie hätten keine Zeit für eine Beziehung.
Dann haben auch Ihre Kinder keine Zeit verdient.
Liegt es daran, dass Sie wirklich keine Zeit haben, oder könnte es daran liegen, dass es um Ihr Zeitmanagement nicht gut bestellt ist? Für die, die jetzt an ihre Kinder denken und sagen, dass die so viel Zeit in Anspruch nehmen: Was ist, wenn Ihre Kinder einmal groß sind? Fallen Sie dann nicht in ein großes Loch, weil Sie mit Ihrer Zeit nicht mehr wissen umzugehen, und vor allem bemerken Sie dann, was oder wen Sie vergessen haben,

nämlich sich?

Keine Sorge, Ihre Kinder sind gelehrige Schüler!

Darum bitte ich Sie, nehmen Sie sich nicht nur etwas Zeit für sich, sondern auch für Ihr Herz. Damit meine ich den Ort, an dem Sie sich fallen lassen können, den Ort, an dem auch Sie mal schwach sein dürfen, also für Ihre Liebe.

Ihre Kinder werden Ihnen später dankbar sein.

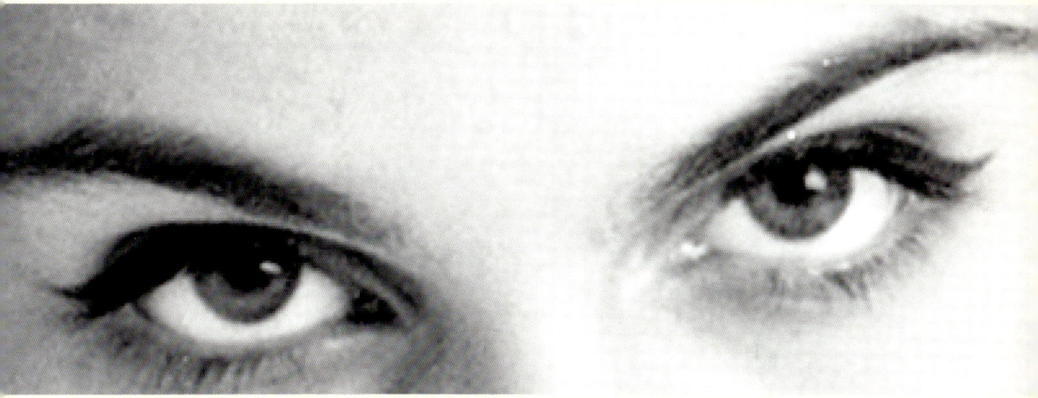

Träume gerade

Wie wäre es wohl,
wenn wir gemeinsam Arm in Arm einschlafen,
morgens gemeinsam aufwachen
und das Erste, das ich an einem neuen Tag sehe,
sind Deine Augen
und das Erste,
das ich fühle, sind Deine Lippen und Deine Haut.
Wäre das nicht schön?!

Meinen Kindern

geht es gut.
Meinem Partner geht es gut.
Meinen Eltern geht es gut.
Meinen Geschwistern geht es gut.
Meinen Tieren geht es gut.
Unserem Haus geht es gut.
Meiner ganzen Familie geht es gut.

Fehlt da nicht noch wer?

Geht es auch einem selbst nicht schlecht,
so bedeutet das nicht gleich, dass es einem dann auch gut geht.
Vielleicht bin ich zufrieden, doch bin ich auch glücklich?

UND:
WAR DAS WIRKLICH **MEIN** LEBEN?

Du bist süß

durch Dich komme ich erst wieder zu mir!!!
Bin lange vor mir weggelaufen,
durch Dich finde ich mich erst wieder!
Danke Dir, mein Traum,
kann Dich nur so nennen,
weil zum einen ich jedes andere Wort,
so schön es auch sei,
für UNTERTRIEBEN halte,
und zum anderen noch nicht glauben kann,
das es Dich wirklich gibt!!!
Du musst ein Traum sein?!

Tränen in der Stille

Leise und unbemerkt
fließen sie.
Sind sie auch voller Schmerz,
so bleiben sie doch unbemerkt.
Es ist so, als ob sie nicht real sind,
es ist so, als wären sie nicht wichtig,
so muss sie sich anfühlen, die Einsamkeit.
zweisam und doch einsam.

Sind sie doch voller Leid,
so hast Du sie nicht gesehen.
Hast meinen Schmerz nicht gefühlt,
hast den Krieg in mir nicht gesehen.
Wo warst Du, als sie kamen?

Klage nicht an, weise keine Schuld zu,
greife nicht an, verurteile nicht,
ich schrie nur nach Hilfe.

Innerlich zerrissen, innerlich verblutet,
so ist mein Weg doch nun ein anderer.
Meine Gefühle starben langsam ab,
meine Liebe verblühte wie die Blume ohne Wasser.
So gehe ich nicht mehr zurück,
doch hoffe ich,
es nie wieder zu fühlen,

denn:

Wo niemand sie sieht,
dort fließen sie,
die Tränen in der Stille!

KAPITEL 10

Rechnungen anderer bezahlen

Das ist zu teuer!

Sie beginnen eine neue Beziehung und Ihr Partner hält Ihnen gelegentlich Dinge vor, die nicht Sie betreffen, sondern Ihren Vorgänger. Finden Sie das fair?
Möchten Sie, dass **SIE** die Fehler oder Rechnungen anderer bezahlen?
NEIN, aber dann seien auch Sie fair, denn dann darf auch das Gegenüber nicht die Rechnungen Ihrer Vorgänger bezahlen. Kaum einer möchte Schmerzen haben oder leiden. Es ist jedoch so, dass die, die den Schmerz nicht zulassen, auch das Glück nicht zulassen können. Wer sich vor dem Schmerz verschließt, der verschließt sich auch vor dem Glück. Das ist das Yin-und-Yang-Prinzip, das eine geht nicht ohne das andere.

Yin und Yang

Yin und Yang stehen für die beiden Aspekte einer Ganzheit.
Sie sind das Symbol der Einheit der Gegensätze. Das ganze Leben, ja der Kosmos, kann eingeteilt werden nach Yin und Yang. Wir haben die Höhen und Tiefen, den Tag und die Nacht, Gesundheit und Krankheit, innen und außen, Geburt und Tod, feucht und trocken, heiß und kalt, Weiß und Schwarz, Gut und Böse, Glück und Unglück, Mann und Frau usw.
Wie könnten wir Gesundheit ermessen, wenn wir nicht die Krankheit kennen lernten?

Nacht und Tag sind Aspekte der Zeit, wie Krankheit und Gesundheit zwei Aspekte unseres Lebens sind.
Ohne Weiß gibt es kein Schwarz, die Tiefe zeigt uns die Höhe an. Die Gegensätze stehen sich jedoch nicht feindlich gegenüber, sie bedingen einander. Nichts im Leben ist nur weiß und nichts nur schwarz. Um Mitternacht ist der Umschlag zu einem neuen Tag. Im tiefsten, schwärzesten Moment unseres Unglücks wächst ein neues Glück heran.

Das Leben ist ein Wandel von Yin und Yang.

Leben ist ständige Veränderung
und Veränderung ist das Wagnis zu leben.

Ein Aspekt des Wandels ist der ständig wechselnde Anteil der beiden Komponenten.
Die beiden Gegensätze brauchen einander. Im Yin ist aber auch Yang enthalten, im Yang auch Yin. Das eine existiert nicht ohne das andere. So wie Tag und Nacht zusammengehören, so gehören auch Liebe und Leid zusammen.

Wie wollen Sie denn das eine ohne das andere definieren?

Erst die Kälte macht die Wärme bedeutsam.
Ein Regenbogen kann nicht ohne Regen sein.
Die Nacht macht den Tag erst wichtig, umgekehrt genauso.
Mit Liebe und Leid verhält es sich ähnlich, sie bedingen einander

Die Einheit von Yin und Yang

Wenn jeder das Schöne als schön empfindet,
dann ist auch das Hässliche definiert.
Wenn jeder das Gute als gut erkennt,
dann ist auch das Schlechte erzeugt.
Denn Sein und Nichtsein erschaffen einander,
Schweres und Leichtes erzeugen einander,
Lang und Groß formen einander,
Hoch und Tief erfüllen einander,
Vorher und Nachher folgen einander,
Liebe und Schmerz bedingen einander.

Wer versucht, andere
oder die Welt zu verändern,
der verändert gar nichts!
Wer sich verändert,
DER verändert die ganze Welt!

KAPITEL 11

Geben und nehmen

Geben ist seliger denn nehmen!

In diesem Kapitel möchte ich über das Geben und Nehmen in einer Liebesbeziehung schreiben. Häufig ist es so, dass einer gibt und der andere nimmt, es kommt jedoch nicht darauf an, wer mehr gibt, es ist nur sehr wichtig, dass **beide** geben.
Bitte sehen Sie dies nicht wie eine Mathematik-Aufgabe, bei der der andere genauso viel geben muss, wie er bekommen hat, **ABER** es bedeutet auch nicht, dass der andere befreit ist von Pflichten.
Mir ist bewusst, dass das Wort *Pflichten* in einer Beziehung dem ein oder anderen nicht gefällt. Doch wir haben immer Pflichten. Viele suchen nach der so genannten Freiheit. Den Zahn möchte ich Ihnen hier ziehen. Frei ist man lediglich im Geist und im Herzen. Wir sind immer abhängig. So sehr man sich dies auch wünscht, richtig frei ist man nicht. Weder als Single noch in einer Beziehung. Egal an welcher Stelle Sie sich gerade befinden, Sie werden immer auf etwas verzichten und etwas anderes bekommen.
Als Single sind Sie zwar unabhängig von jedem Partner, aber wo sind Sie frei?
Freiheit bedeutet, alles zu tun und zu haben, was man tun und haben möchte. Sich überallhin frei zu bewegen. Nun sei die Frage an die Singles unter Ihnen erlaubt, die von „frei sein" reden: Glauben Sie diesen Blödsinn wirklich?

Wo ist als Single denn nun die Zweisamkeit?

Klar, Sex und Zärtlichkeiten kann man sich überall holen, doch die Geborgenheit, das Verschmelzen der Herzen und einiges mehr hat man dann nicht. Dies bekommt man eben nur in einer Beziehung. In einer Beziehung, könnte man nun sagen, bin ich aber gebunden. Das stimmt, aber sind Sie das als Single nicht auch? Natürlich kann man, wenn man in einer Beziehung lebt, nicht mehr alles alleine entscheiden, aber das ist für einen Single auch nicht anders. Als Single gehen Sie in die Abhängigkeit von Menschen, die Ihnen Wärme geben. Nun höre ich schon, wie einige sagen: *„Das suche ich mir aber selbst aus."*

Ist es nicht vielmehr so, dass dies von beiden Seiten entschieden wird? Glauben Sie wirklich, Sie wären der Einzige, der dies entscheidet? Wenn die andere Seite sich plötzlich entscheiden sollte, einen anderen Weg einzuschlagen, können Sie nichts dagegen machen, ergo sind Sie abhängig von der anderen Seite.

In einer Beziehung gehen Sie ebenso in eine Abhängigkeit wie als Single, nur mit dem Unterschied, dass in einer Beziehung diese Abhängigkeit aus dem Herzen kommt.

Fragt sich nur, welche Abhängigkeit wohl die bessere ist, die, die man mit dem Kopf wählt, oder die, die mit dem Herzen gewählt wird? Da wir uns sowieso in eine Abhängigkeit begeben, ist es dann nicht besser, sie mit dem Herzen zu wählen?

Viele versuchen aus beiden Phasen, Beziehung oder Singleleben, das Positive zu nehmen und das zur selben Zeit, andere haben sich aufgrund von schlechten Erfahrungen für eine Seite entschieden, die sie im Grunde gar nicht wollen und laufen vor der Beziehung davon. Sie gehen von einem zum anderen und sind dabei immer auf der Flucht.

Bleiben Sie stehen und stellen **SIE SICH.**

Da wir über Liebe und Leid im Kapitel vorher schon gesprochen haben, ist es wichtig, dieses Wissen auch anzuwenden.

Es ist nicht gut, wenn man sich sagt, dass erst der andere etwas geben muss.

Bitte lernen Sie auch zu geben, ohne etwas dafür zu erwarten.

Wer erwartet, der wird enttäuscht,
wer dankbar annimmt, der wird erleuchtet.

Erwarten Sie nicht, dass der oder die andere sofort alles sieht, was Sie ihm oder ihr geben. Erwarten Sie auch nicht, dass die andere Seite sofort etwas zurückgibt.
Männer und Frauen „ticken“ nun mal anders, so sollten Sie nicht davon ausgehen, dass der oder die andere es wirklich so sieht wie Sie!
Natürlich muss auch etwas von der anderen Seite kommen, sonst macht das alles keinen Sinn.
Sie wissen aber doch meist nicht, ob die andere Seite nicht schon etwas gegeben hat, ohne dass Sie es bemerkt haben oder, wenn nicht, ob die andere Seite überhaupt bemerkt hat, dass sie nur nimmt und nicht gibt.

Manchmal ist das Geben eines Menschen auch eine Art Selbstbefriedigung, weil es einem selbst gut tut.

Laufen Sie nicht weg und sehen Sie genau hin, denn denjenigen oder diejenige, die Sie lieben und auch umgekehrt, leiden. Sie sind für diese Liebe mit verantwortlich. Laufen Sie nicht mehr weg, sonst könnte es sein, dass Sie zu lange weggelaufen sind und den Schmerz, den Ihre wahre Liebe spürte, so groß ist wie seine Liebe, also verdammt groß und dann ist es auch der Schmerz, den **SIE** verursachen mit Ihrer Flucht vor sich selbst.
Nein, die Schmerzgrenze auf der anderen Seite kann sehr groß sein, das kann ich Ihnen versichern, und ist sie erreicht, dann ist etwas verloren, was doch so wichtig sein könnte.
Das bedeutet nicht, dass die Liebe nicht groß genug war.
Auch die andere Seite hat vielleicht viel mitgemacht, glauben Sie nicht, Sie wären die einzige Person, die schlechte Erfahrungen durchleben musste.
Die Liebe kann auf der anderen Seite sehr groß sein, doch hat der oder die schon mal versucht, auf Ruinen zu bauen und verloren, vielleicht wieder und wieder. Wenn Sie zu lange weglaufen,

könnte es sein, dass der oder die auch in Ihnen eine Ruine sieht
und die Angst tut dann ihren Teil dazu.
Deswegen vergessen Sie bitte nicht:

Liebe besteht aus geben und nehmen!

Habe die Augen geöffnet

und Du warst nicht da.
Habe Dich in meinen Armen gesucht,
doch ich habe Dich nicht gefunden.
Vermisse Deine Lippen an meinen,
vermisse es, wenn Deine Hände mich streicheln,
vermisse Deine Haut an meiner.
Beobachte Dich so gerne, wenn Du schläfst,
Du bist so weich und sanft, so friedlich.
Wünschte mir so sehr,
jetzt bei Dir zu sein und wäre gern
das Erste, das Deine wunderschönen Augen sehen,
wenn sie sich langsam öffnen.
Sehne mich danach, Dich dabei in meinen Armen zu halten.
Ein Traum,
der für mich die Erfüllung ist,
dieser Traum bist Du.
So werde ich voller Sehnsucht auf diesen Morgen warten,
an dem Du neben mir liegst.

KAPITEL 12

Ehrlich sein

Auch wenn es nicht einfach ist

Häufig werde ich gefragt, was man denn nun tun solle, um seinem Leben eine neue Richtung zu geben.
Hier kommt die Wahrheitsfindung wieder ins Spiel.
Es kommt darauf an, dass Sie ganz ehrlich zu sich selbst sind. Da man sich, wie wir wissen, selbst sehr gut belügen kann, möchte ich Ihnen einen Tipp geben, wie Sie genau das umgehen.
Stellen Sie sich vor, Ihr bester Freund oder Ihre beste Freundin kommt zu Ihnen, erzählt Ihnen Ihre Geschichte auf sich bezogen und bittet Sie um Ihre ehrliche Meinung.
STOP, es ist Ihr bester Freund oder Ihre beste Freundin, die **SIE** um die Wahrheit bittet, was sagen Sie ihm oder ihr?
Mag sein, dass für einige dies nicht die richtige Motivation ist, sich der Wahrheit zu stellen, nun gut, dann gehen wir etwas härter vor. Jemand kommt auf Sie zu und erzählt Ihnen Ihre Geschichte auf sich bezogen, z. B., dass sie ihren Partner nicht mehr lieben würden, sondern von Herzen jemand anderen. Sie hätten sich auseinandergelebt und im Grunde auch nie zusammengepasst, doch nun hätte sie seit längerer Zeit jemanden, wo dies alles anders ist. Dieselben Interessen und dieselben Gefühle. Die Person erzählt Ihnen, dass sie **Angst** hätte, das Falsche zu tun, sie hätte **Angst**, sich auch der Liebe zu stellen, da sie die in dieser Form noch nicht kennen gelernt hätte. Sie hätte **Angst davor**, was die Nachbarn und die Familie sagen würden, sie hätte Ängste, weil sie nicht weiß, wie die Kinder damit umgehen. Sie erzählt **IHNEN**, dass sie zwar nicht unglücklich ist, aber vor allem auch

nicht glücklich und ob dann **DAS** alles in ihrem Leben sein sollte. Sie bittet Sie um Hilfe, weil sie nicht mehr weiterweiß.
Sie schaut **SIE** fragend, hilflos und verloren an.
Sie sagt es **IHNEN** mit einer Träne im Herzen, so hilflos und voller Angst und sagt dann:

„Mama, Papa, was soll ich tun?"

Das tut weh, nicht wahr?

Was würden **SIE** Ihrem Kind nun sagen?

Sofort und jetzt!

NEIN denken Sie nicht erst darüber nach. Was würden SIE IHREM Kind sagen, aus dem Bauch heraus, soll es auf seine Chance verzichten, glücklich zu werden? Kommen Sie mir nicht mit, *„ob das andere zum Glück führt, weiß man ja auch noch nicht."*
Wenn Sie Ihrem Kind nun einen falschen Rat geben, wird es definitiv nicht mehr glücklich, also bleiben Sie bitte bei der Wahrheit, auch wenn sie Ihnen nicht gefällt.
Suchen Sie bitte nicht nach einer Lüge.
Bitte antworten Sie ehrlich, es geht um die **Zukunft Ihres Kindes** und wenn Sie nun die wahre Antwort auf der Zunge haben, dann gehen Sie in sich, schauen Sie in den Spiegel, es ist **DIE** Antwort, **IHRE** Antwort, auf all Ihre Fragen!
Wenn Sie also wissen wollen, was Sie tun sollen, schauen Sie Ihrem Kind in die Augen und stellen Sie sich vor, IHR Kind würde zu IHNEN kommen, mit IHREM Problem. Dann denken Sie darüber nach, was SIE IHREM Kind sagen würden.

Häufig traut man sich nicht, der Antwort in die Augen zu schauen, obwohl man sie bereits kennt. Doch fragt das eigene Kind, dann würde man ehrlich antworten, oder nicht?
Und schon wieder höre ich den ein oder anderen:

„Ja, bei meinem Kind wäre das auch etwas ganz anderes",

ach ja, ist es so???

Man kann sich ja so viel vormachen, nicht wahr?

Nun gut, dann vergessen Sie nicht, dass Ihre Kinder Ihnen nacheifern. Wenn Sie wirklich das Beste für IHR Kind wollen und dass es sich traut, sein Glück in die eigenen Hände zu nehmen, und sich selbst dieser Chance nicht berauben soll, dann müssen SIE es ***vormachen!***
Wie wollen Sie jemandem das Tennisspielen beibringen, wenn Sie selbst nicht Tennis spielen können?

Laufen Sie nicht mehr vor der Wahrheit weg, geben Sie sich und Ihren Kindern eine faire Chance!

Nur die

die Dich lieben,
werden Deinen Weg unterstützen.
Nur die, die es nicht tun,
versuchen, Dich zu halten!

So viel geschehen

so viel gesehen.
Beobachter gewesen – Helfer in der Not,
aus einem Weinen ein Lachen gemacht,
aus der Hölle einen Himmel erschaffen.
Fehler gemacht, Fehler anderer ausgeräumt.
Leid angenommen, sich peinigen lassen,
Schläge ertragen, Erniedrigungen hingenommen,
immer wieder aufgestanden,
immer wieder mit offenen Armen empfangen.
Nicht geduckt, nicht weggelaufen.
Keinem Schlag ausgewichen, keinen Schlag beantwortet.
Immer wieder als Rammbock gedient.
Ausgenutzt, benutzt, missbraucht, erniedrigt,
und doch nie aufgegeben.
Auf andere geachtet,
auf andere Rücksicht genommen,
meine Gefühle hinten angestellt,
nicht mehr beachtet.
Immer für andere da gewesen,

nur meine Tränen, die hat keiner gesehen.

Schließe nicht die Tore,
die Du noch einmal durchschreiten wirst!

KAPITEL 13

Das Schicksal

Es wartet nicht, vielleicht ist es auch schon da?

Bei diesem Thema musste ich früher immer schmunzeln. Der ein oder andere nennt das Schicksal Zufall. Aber ist wirklich alles nur Zufall?

Als ich meine damalige Lebensgefährtin, „meinen Traum“, kennen lernte, glaubte sie nicht an das Schicksal.

Es zeigt sich nicht immer sofort und wenn man vor seinem eigenen Leben davonläuft, dann kann man manchmal selbst den Wink mit dem Zaunpfahl übersehen.

Bei „meinem Traum“ und mir war es wirklich ganz offensichtlich, dass sich Schicksal ganz und gar nicht übersehen ließ. Es war kein Wink mit dem Zaunpfahl, eher mit einer ganzen Schreinerei

Als wir uns zum ersten Mal begegneten, haben wir beide sofort gespürt, dass etwas geschehen war und in derselben Nacht, in der Disco „Kantine“, hat uns auch das Schicksal zusammengeführt. Es war der **siebte** Juli, sie hat Zwillinge, zu dieser Zeit waren sie **sieben** Jahre alt und sie wohnten im Haus Nummer **sieben**.

Sie wurde ein Jahr später, 2007, 37 Jahre alt, ich 40 Jahre, also zusammen 77.

Ich hatte immer geglaubt, das Schicksal findet seinen Weg, leider wurde mir klar, dass das nur dann funktioniert, wenn man es zulässt und nicht davor davonläuft, wie ich und sie es taten!!!

Doch dies soll kein Buch über mein Leben sein, dieses Beispiel sollte Sie lediglich wachrütteln, nicht **nur** Ihre Ohren, sondern auch Ihre anderen Sinne zu nutzen.
Manchmal ist das Schicksal offensichtlich, doch manchmal muss man sich auch darum bemühen, es zu erkennen.
Hierzu möchte ich Ihnen eine kleine Geschichte erzählen:
Ein Mann lebt zufrieden in seinem Haus auf einem kleinen Hügel am Rande eines Dorfes. Es regnet schon den ganzen Tag. Er sitzt im Wohnzimmer, genießt das Kaminfeuer und liest ein Buch. Der Regen wird stärker und er macht sich Sorgen. Er schaut aus dem Fenster und sieht, dass das kleine Dorf schon unter Wasser steht. Er kniet sich nieder und betet zu Gott, er möge ihm helfen und ihn bei Gefahr retten. Der Regen nimmt weiter an Stärke zu und langsam steigt das Wasser den Hügel hinauf. Das Wasser erreicht sein Haus, doch der Regen lässt nicht nach. Er geht die Treppen hinauf ins Schlafzimmer.
Er kniet sich wieder nieder und betet: *„Gott, ich weiß, Du wirst mich retten."* Das Wasser steigt und steigt, der Regen behält unbeirrt seine Stärke. Als das Wasser die erste Etage erreicht hat, weicht der Mann ins Dachgeschoss aus, kniet sich wieder nieder und betet: *„Lieber Gott, ich weiß, Du wirst mich nicht im Stich lassen und mich retten"*, und das Wasser steigt und steigt. Nach geraumer Zeit erreicht das Wasser auch das Dachgeschoss und der Mann flüchtet aufs Dach. Dort, durchnässt vom Regen, kniet er sich wieder nieder und betet: *„Lieber Gott, ich bete zu Dir, ich weiß, dass Du mich hörst und mich nicht alleine lässt."* In diesem Moment treibt ein großer Baum an seinem Haus vorbei. Auf diesem Baum sitzen zwei Menschen und einer ruft ihm zu: *„He, komm schnell hier auf den Baum. Wir lassen uns vom Wasser treiben, hier bist Du sicher."* Der Mann, immer noch kniend, schaut sie an und sagt: *„Nein, ich bete zu Gott, er wird mich retten."* So ließen sich die zwei mit dem Baum weitertreiben. Das Wasser stieg unbeirrt und erreichte seine Hüfthöhe, so dass er nicht mehr knien konnte. Da kam ein Boot vorbei. Von diesem Boot aus rief ein Mann zu ihm hinüber: *„Hallo, steigen Sie schnell ein,*

ich rette Sie." „Nein, ich brauche Sie nicht, Gott lässt mich nicht im Stich. Er wird mich retten." So fuhr er mit dem Boot wieder weg und das Wasser stieg und stieg.
Mittlerweile stand ihm das Wasser bis zum Hals und er rief zu Gott: *„Gott, ich vertraue Dir, ich weiß Du wirst mich retten."* Da kam ein Hubschrauber vorbei und warf ihm eine Leiter zu. *„Schnell klettern Sie hier hinauf, wir bringen Sie an Land"*, rief der Pilot ihm zu. *„Nein, das mache ich nicht. Ich bete zu Gott, er wird mich retten"*, und der Pilot flog kopfschüttelnd fort.
Der Mann ertrank und kam in den Himmel.
Als er nun vor Gott stand, schaute er ihn lange an. Nach einer Weile sagte er zu Gott: *„Gott, ich verstehe Dich nicht." „Was verstehst Du nicht?" „Als das Wasser kam, habe ich zu Dir gebetet. Habe Dich angebetet, mich zu retten und Dir vertraut, warum hast Du nichts getan?"*
Gott schaute ihn lange an, nach einer Weile brach er sein Schweigen: *„Was meinst Du, wer Dir den Baum, das Boot und den Hubschrauber geschickt hat?"*

Sie können so viel beten, wie Sie möchten, oder tun, was Sie möchten, aber wenn das Schicksal zu Ihnen kommt, dann nehmen Sie es an, bevor es an Ihnen wieder vorbeizieht.

Warte nicht auf das Glück

es wird Dich dann nicht treffen.
Glück kommt immer unvorbereitet.

Wenn es dann erscheint,
frage nicht und stelle es nie in Frage,
sondern halte es mit beiden Händen fest,
sonst könnte es wieder vorbeiziehen.

Lieber kleiner Gedanke

fliege schnell zu ihr hin.
Lasse sie lächeln,
sie ist dann so schön.
Und sollte sie traurig sein,
dann berühre ihr Herz.
Dringe ganz tief hinein,
lasse sie spüren.
Sie ist nicht allein.

KAPITEL 14

Der verlorene Kampf

Laufen Sie einer verlorenen Liebe nicht hinterher!

Laufen Sie einer verlorenen Liebe nicht hinterher.
Manche Menschen kämpfen einen verlorenen Kampf um eine längst schon verlorene Beziehung, aus Angst vor der Wahrheit.
Ist die Liebe einmal gegangen, dann ist jede weitere Bemühung zum Scheitern verurteilt.
Es ist vergebene Liebesmühe!
Sollte jedoch noch *Liebe von beiden Seiten vorhanden sein*, dann kann sie auch wieder wachsen.

Doch nur dann, wenn sie wirklich noch da ist.
Den anderen zu mögen ist kein Ersatz für die Liebe.
Ist bei Ihnen Liebe im Spiel?

Was war, das ist vorbei, der gegenwärtige Zustand ist das Einzige, was zählt. Keine Lüge hilft Ihnen nun mehr, gehen Sie in sich und sehen Sie der Wahrheit ins Auge. Denken Sie daran, was Sie antworten würden, würde Ihr Kind Sie fragen!

Jedes Ende bedeutet auch einen neuen Anfang.

Sollten Sie herausfinden, dass die echte Liebe nicht mehr da ist, dann zweifeln Sie nicht an sich, denn dafür gibt es keinen Schuldigen, und wenn doch, dann tragen beide gleichermaßen „Schuld“.
Ist die Liebe nicht mehr da, aber Sie kämpfen weiter, dann ist es so, als würden Sie auf den Friedhof gehen, ihre Beziehung aus dem Sarg holen und sie wiederbeleben wollen.

Vergessen Sie es, sie ist tot!

Man könnte es auch etwas weniger drastisch ausdrücken, was jedoch nichts an der Situation ändert. Aber für die, die das direkte Benennen einer Situation nicht mögen: Sie werden es nicht schaffen, aus einem Ackergaul ein Rennpferd zu machen und umgekehrt auch nicht.

Dabei geht es nicht darum, was besser ist. Beide Pferde haben ihre Vorzüge. Sind Sie ein Farmer, dann nützt Ihnen ein Rennpferd wenig, dann gehört der Ackergaul zu Ihnen mit all seinen Vorzügen. Doch sind Sie ein Jockey, dann nützt Ihnen nur ein Rennpferd etwas.

Sollten Sie weiter kämpfen, **wenn die Liebe nicht mehr da ist**, verlieren Sie kostbare Zeit und gehen einen sinnlosen Kampf ein. Sollte keine Liebe mehr vorhanden sein, dann ist es genauso sinnlos, als wenn Sie in der Wüste darauf warten, dass etwas gedeiht und wächst, ohne dass Sie etwas gesät haben.

Auch in der Wüste kann etwas wachsen, aber nicht ohne Samen.

Dieser Kampf bringt am Ende nur Verlierer hervor, da das Ergebnis bereits feststeht!

Dabei von Schuld oder Unschuld zu reden ist ebenso irrsinnig wie absurd. Natürlich suchen viele Menschen nach der Ursache oder nach dem Schuldigen. Nach den Gründen zu suchen ist ja o. k., doch jemandem die Schuld für das Verschwinden der Liebe zu geben, ist nicht sinnvoll. Die Erforschung der Ursachen für das Verschwinden der Liebe kann Ihnen helfen für die NÄCHSTE Beziehung. Doch nach einem Schuldigen zu suchen, ist ein sinnloses Unterfangen, denn die Beziehung ist kein Krimi und auch kein Strafgericht. Wenn die Liebe gegangen ist, gibt es immer zwei Beteiligte. Nicht das WER, sondern das WARUM ist wichtig. Selbst wenn nur eine Seite für die Liebe gekämpft hat, ist die andere genau so schuldig oder unschuldig. Sollte nur einer gekämpft haben, dann hat er auch zugelassen, dass der andere nicht gekämpft hat und der andere hat zugelassen, dass dies geschieht. Ein sinnloses Geschehen, nicht wahr?

Kommen wir zurück zur Sinnlosigkeit, einer verlorenen Liebe hinterherzulaufen. Die Zeit, die Sie dadurch verlieren und auch die Zeit, die Sie Ihrem Gegenüber wegnehmen, ist verlorene Zeit. Stellen Sie sich der Wahrheit und suchen Sie nicht nach Ausreden.

Was ist die Wahrheit?

Lieben Sie die Person gegenüber
oder lieben Sie diese Person nicht mehr?

NEIN, kommen Sie nicht mit mögen, oder es war doch mal, oder irgendwelchen anderen Ausflüchten und hören Sie auf, sich selbst die Schuld zu geben, wenn die Liebe nicht mehr da sein sollte.

Lieben Sie oder lieben Sie nicht?

Es gibt nur ja oder nein, halb schwanger geht auch nicht!
Seien Sie bitte ehrlich, schauen Sie in einem Spiegel sich selbst und der Wahrheit ins Auge.

JA oder NEIN?

Sollten Sie sich Ihrer Antwort bewusst sein, dann teilen Sie sie Ihrem Gegenüber mit, denn es ist die Wahrheit, egal wie sie auch aussieht!

Hören SIE BITTE auf,
sich selbst zu verurteilen,
wenn SIE der Liebe eine Chance geben!

Für einen unerfüllten Traum
gibt es keinen Täter.

Ich habe sie gehört

Deine stillen Schreie,
Ich habe sie gesehen, Deine Augen, die hilflos und verloren.
Ich habe ihn gefühlt, Deinen Schmerz.
Ich habe sie gespürt, Deine ungeweinten Tränen.
Es tat weh.

Waren Deine Mauern auch hoch,
sind Deine Mauern auch stark,
ich habe es gesehen.
Vor Dir saß und getroffen, wie der Pfeil in meiner Brust,
sah ich jede Träne, die nicht floss.
Ein Schmerz, der mich fast zerriss,
als ich in Deine Augen sah.
Unerreichbar Du auch tust, werde ich nicht warten,
nicht warten auf Deinen Untergang!
Werde klanglosen Worten nicht mehr lauschen,
aber Deinem Herzen!
Ist Deine Angst auch groß, werde ich nicht klein beigeben!
Bist Du auch hilflos, werde ich nicht nachlassen!
Werde nicht Deine Tränen weinen, werde sie doch trocknen!
Scheinst Du auch kraftlos, so werde ich an Deiner Seite stehen!
Brauchst Du auch noch eine Menge Mut,
so wirst Du ihn in mir finden!
Werde ich auch nicht im Vordergrund stehen,
so werde ich als Schatten bei Dir sein!
Nur laufe nicht mehr davon,
denn aufhalten kann ich Dich nicht!
Kann nicht gegen Dich, sondern nur mit Dir sein!
Stelle Dich und spüre Dich!
Steh zu Dir und zum Leben!
Lerne zu verstehen!
Du wagst nicht zu verlieren,
doch wagst Du nur nicht zu gewinnen!
Weiß nicht, was noch kommen mag,
weiß nur:

NIE lass ich Dich allein, auch wenn Du mich fortschickst!

Mein süßer Traum

so vieles ist schon geschehen,
und so vieles wird noch geschehen.
Weiß, dass Du oft nicht so kannst,
wie Du möchtest,
doch wird die Zeit sich ändern.
Wir müssen geduldig sein,
wir haben uns nicht gesucht,
doch haben wir uns gefunden.
Kommen auch schwere Zeiten auf uns zu,
so ist doch schon Licht am anderen Ende des Regenbogens.
Jedes Ende bedeutet auch einen neuen Anfang für alle.
Glaube mir,
Du bist NICHT MEHR allein
und was wir alleine nicht schaffen,
das schaffen wir zusammen.
Du hast mein Herz in der Hand und ich habe Deines,
werde es behuten und mich darum sorgen,
wie Du Dich um meines.

Wie der blaue Himmel

so sind auch sie, so rein und klar.
Sitze hier und träume von ihnen.
Sie sind so unendlich,
sie sind so schön.
Würde sie gerne Stunden und Tage lang einfach nur ansehen.
Fühle mich in ihnen geborgen,
fühle mich in ihnen sicher.
Sehe sie an, so spüre ich den Frieden und die Harmonie in uns.
Sie geben mir Halt und Zuversicht.
Sie tragen mich und wärmen mich.
So viel ist in ihnen,
habe noch nie so etwas Schönes gesehen.
Schaue ich sie an, so sind all meine Ängste und Sorgen verschwunden,
doch gerade jetzt spüre ich, wie sehr ich sie vermisse,
DEINE AUGEN!

KAPITEL 15

Brechstangen-methode

Torschlusspanik

Sie wird häufig benutzt, weil man sich der Wahrheit nicht gestellt und Angst hat. Dies führt manchmal zu einer Torschlusspanik. Hier soll es darum gehen, dass Sie lernen, wieder offen zu werden und sich nichts vorzumachen. Immer wieder lerne ich Menschen kennen, die von einem Partner zum nächsten wechseln. Immer wieder höre ich dann, ja der ist nun DER oder DIE Richtige, um dann kurze Zeit später erneut einen „Richtigen" zu finden. Andere landen immer wieder bei den Falschen und fragen sich dann, warum sie nur die Falschen kennen lernen.
Fangen Sie bei sich an und nicht bei den anderen. Liebe muss von innen kommen, nicht von außen. Lernen Sie, sich selbst zu lieben. Stehen Sie dazu, auch zur Vergangenheit und zu Liebe und Leid, dann haben Sie gute Voraussetzungen.
Doch da fehlt noch ein wichtiger Faktor: **Geduld!**
Finden Sie erst zu sich, üben Sie sich in Geduld und lassen Sie die Liebe mit all ihren Vor- wie Nachteilen zu.
Sie sehen vielleicht viele Paare, die ANSCHEINEND glücklich sind, aber die Frage sei erlaubt: „IST ES SO?"
Warum gibt es dann immer mehr Singles?
Sie sind in guter Gesellschaft, es könnten viele Menschen glücklich leben, würden sie nur zu sich finden.
Haben Sie keine Torschlusspanik und kommen Sie mir nicht damit, dass Sie sowieso lieber allein sein wollen, es sei denn, Sie sind wirklich ein Einzelgänger, sind Sie einer???

Mit etwas Geduld werden **SIE** Ihr Glück finden, vorausgesetzt Sie lassen es zu.
Die Menschen, die sagen, dass dies nicht so sei, würde ich gerne fragen, ob sie denn mit sich im Reinen sind und sich selbst wirklich lieben.
Das ist die Voraussetzung dafür.
Selbst der schwerste Weg,
fängt immer mit dem ersten Schritt an.

Keine Angst mehr vor Verletzungen, die gehören dazu, keine Angst mehr, sich selbst in die Augen zu schauen. Fangen Sie an, sich zu lieben, dann kommt das Glück auch zu Ihnen. Sie sind und bleiben **ein Geschenk**.
Vielleicht ist es bei dem ein oder anderen ja schon da und wartet auf Sie.
Lassen Sie es nicht zu lange warten und fangen Sie mit dem ersten Schritt an. Das Glück wird nicht ewig auf Sie warten, also fangen Sie am besten **JETZT** damit an.

Ich wünsche IHNEN viel Glück!!!

Manchmal fühlt man sich einsam

Aber es sind nur die eigenen Mauern, die uns von der Wahrheit
und unserem Leben fernhalten.
Nicht andere, keine Geschehnisse,
dürfen unser Leben bestimmen.
WIR sind es, die die Mauern einreißen müssen,
WIR sind es, die unsere Wege gehen müssen,
WIR sind es, die unser Leben leben müssen,
Wir sind es, die verstehen müssen.
Schmerzen, die uns fallen ließen,
Tränen, die uns erblinden ließen,
Trauer, die nur uns trifft.
NICHTS darf uns am Boden halten,
NICHTS darf umsonst gewesen sein,
NICHTS darf so festgehalten werden,
dass wir unser Leben verschenken.
Dir wünsche ich, dass DU aufwachst, bevor es zu spät ist.
Dir wünsche ich, dass DU wieder aufstehst.
Dir wünsche ich, dass DU wieder den Mut zum Leben findest.
Dir wünsche ich, dass DU DEIN Leben wieder entdeckst
und so die Möglichkeit erhältst, denen zu begegnen,
die auch immer in und um uns sind.
Dir wünsche ich, wieder mit DIR ins Reine zu kommen.

Dir wünsche ich, den Frieden in DIR wieder zu entdecken und
dass DU das kostbare Geschenk Leben nicht verschwendest.

Du bist ein Samen des Lebens, gedeihe und wachse, damit auch
DEINE Samen und die Samen DEINER Samen wieder Hoffnung
und Glauben finden.

Doch vor allem gedeihe, damit auch DEIN Baum im Winde weht
und vom Fluss des Lebens sich ernährt.

KEIN SAMEN DARF JEMALS VERKOMMEN!

Verzeih mir

hatte gedacht, ich würde Dir beistehen,
doch setzte ich Dich unter Druck.
Werde mich verbiegen, doch nicht brechen,
das sagte ich Dir,
doch blieb ich gerade,
sah Deine Wärme nicht.
Verzeih mir,
hatte gedacht, ich müsste kämpfen,
doch muss ich nur geduldig sein.
Bist Du bei mir, so ist es, als würdest Du
wie Dornröschen aus ihrem tiefen Schlaf erwachen,
voller Wärme und voller Liebe.
Doch bist Du nicht da,
so schläft sie wieder ein, Dein wahres Ich.
Gefühlsmäßig auf der Flucht.
Jahrelanges Weglaufen vor sich selbst.
Verzeih mir, ich hatte es nicht verstanden,
hatte Dich nicht verstanden, bitte verzeih mir.
Werde geduldig sein.
Werde nicht alleine diesen Weg gehen können,
auch Du gehörst dazu.
Gemeinsam aufeinander zugehen,
denn allein kann ich das nicht schaffen.
Doch werde ich geduldig sein.
Du sagst:
Liebe, Du weißt nicht, ob es sie gibt, und ob Du sie jemals fühlst,
doch glaube ich, Du hast Angst vor der Liebe,
Du hast Angst vor dem Gefühl.
Sie hat Dich schon erreicht, ohne Dich zu fragen,
so werde ich geduldig sein.
Nun werde ich warten, bis ich Dich in meine Armen nehmen
und in Deine Augen schauen kann,
bis dahin muss ich geduldig sein.
Verzeih mir meine Ungeduld,
habe vorher noch nie so sehr geliebt,
noch nie so sehr, wie ich Dich liebe.

Für diese Liebe jedoch werde ich nicht um Verzeihung bitten!

Höre es noch

Es klingt schön und vertraut!
Es bringt Wärme in mein Leben!
Ich liebe es so sehr
und der schönste Regenbogen erblasst daneben!
Leider erklingt es noch selten,
aber werde nicht ruhen,
bis es wieder häufiger erklingt!
Werde nicht ruhen,
bis es wieder mit der Sonne um die Wette strahlt!
Dein leises Lachen!

Und spüre ich nicht gerade jetzt
einen kleinen Ansatz Deiner Lippen?

Ein schöner Gedanke

ist in mir!
Der Gedanke von Dir,
er lässt mein Herz leben.
Sehe und fühle Dich,
spüre und rieche Dich!
In meinen Gedanken sind wir Hand in Hand am Strand
und gehen barfuß durch den Sand.
Du lehnst Dich an mich
und wir legen uns in den warmen Sand.
Du legst Deinen Kopf auf meine Brust
und wir beobachten die Sterne.
Diesen Gedanken, den sende ich zu Dir,
er ist in mir und ich teile ihn mit DIR!

Mein Herz schlägt immer mehr

wo kommt das nur her?
Was mag das nur sein,
mein Herz ist doch noch klein?
Es wird mir jetzt ganz klar,
mein Traum ist wieder da!
Nun kann ich es verstehen,
werde sie bald wiedersehen!
Das tut mir so gut,
und macht mir wieder Mut!
Das Einzige ist das Schlimme,
mir fehlt ihre Stimme.

KAPITEL 16

Wer sind Sie eigentlich?

Wer bin ich?

In diesem Kapitel geht es darum zu erkennen, WER Sie eigentlich sind.
Viele Menschen habe ich kennen lernen dürfen und dabei festgestellt, dass die meisten Menschen gar nicht wissen, wer sie sind. *Viele haben sich verlaufen, ich gehörte auch dazu.* Viele Menschen geben sich sehr selbstbewusst, sind es aber nicht, denn wer es ist, gibt nicht vor, es zu sein, sondern ist es einfach. Das gilt auch für Stärke. Wer stark ist, ist es und tut nicht so als ob. Außerdem bedeutet Stärke auch, zu seinen Schwächen zu stehen.
Viele Menschen haben ihr Naturell verlassen und geben sich anders, als sie wirklich sind. Schauen Sie den Menschen in die Augen, Sie werden, wenn Sie hören können, erkennen, wer Ihr Gegenüber ist.
Viele Frauen sind feminin, haben Kinder und durch ihr bisheriges Leben sind sie immer mehr ins Maskuline gedrängt worden, da das Gegenstück, der maskuline Mann entweder gänzlich fehlte oder, war ein Mann vorhanden, er seinen Part nicht ausübte. Um es anders zu sagen, die Frauen werden durch die Erfüllung von vermeintlich männlichen Pflichten im Leben vermännlicht.
Zum einen haben sie sich da selbst hineinmanövriert, zum anderen ist dies durch Familie, Freunde, Nachbarn und das Umfeld geschehen. Es ist egal, was dazu geführt hat. Sie sind und bleiben

jedoch feminin und nicht maskulin. Natürlich hat jeder Mensch, der feminin ist, auch maskuline Anteile und umgekehrt. Hier finden wir wieder das Yin-und-Yang-Prinzip, nur überwiegt eine der beiden Qualitäten bei den meisten Menschen. Feminin sein hat nichts mit Stärke oder Schwäche zu tun. Die meisten Frauen haben aber ihr Naturell verlassen und versuchen es im maskulinen Bereich. Wundert es Sie, dass diese Frauen nicht glücklich sind? Was sie glücklich machen würde, wäre, zu sich selber zurückzufinden, sich zu lieben und einen maskulinen Partner an ihrer Seite zu haben, durch den sie ihr Naturell wieder ausleben könnten. Das gilt auch für die meisten Männer, denn sie sind überwiegend maskulin, aber leider wissen die meisten dies noch nicht einmal.

Hierbei ist noch mal ganz wichtig für die Machos unter Ihnen, maskulin hat NICHTS mit Macho zu tun!

Gute Lektüre über den maskulinen Mann ist in jeder Buchhandlung erhältlich.

Kommen wir zurück zu denen, die zu sich finden wollen.

Ist Ihr Naturell das eine oder das andere, dann finden Sie zu **IHREM** Naturell zurück und stehen Sie dazu.

Das sind Sie nun mal.

Ich würde es als IHR Talent ansehen, schauen Sie genau hin und nicht weg, denn es bleibt Ihr Leben lang Ihr wahres Ich. Mir ist bewusst, dass vieles in der Vergangenheit geschehen ist, was Sie verletzt hat, so sehr, dass Sie Ihr wahres Ich aufgeben wollten, um nicht mehr verletzt zu werden.

Bitte lernen Sie:

Einmal mehr aufzustehen, als Sie hingefallen sind.

Schmerzen haben dazu geführt, dass viele Menschen vor ihrem Naturell weggelaufen sind. Lassen SIE es nicht zu, dass diese Erfahrungen auch dazu führen, dass SIE nicht mehr glücklich werden.

Viele haben sich bisher noch nicht mit sich selbst beschäftigt

und noch nie darüber nachgedacht, wer oder was sie sind.
Wenn Sie glücklich werden wollen, dann sollten Sie zurück zu Ihrem Naturell finden. Werden Sie wieder zu dem, der sie wirklich sind, mit allem, was dazugehört.
Machen Sie sich nicht selbst etwas vor, Sie sind, der Sie sind, darum nehmen Sie Ihr Talent wieder an und nutzen Sie es, um wieder glücklich zu werden.
Wagen Sie es, sich Ihre Gefühle einzugestehen und stehen Sie dazu. Machen Sie nicht zu, laufen Sie nicht weg.

Wagen Sie, wieder zu lieben!

SIE sind, der SIE sind
und SIE sind es wert, wieder zu sich zu stehen!
SIE sind und bleiben ein Geschenk,
ob SIE es wollen oder nicht!

Kein Geschehnis aus der Vergangenheit darf Ihre Gegenwart verändern und Sie von sich selbst entfernen!

Kein Geschehnis aus der Vergangenheit darf Ihre Gegenwart beherrschen und Sie in IHRER Zukunft von Ihrem Glück fernhalten!
Finden Sie heraus, ob Sie maskulin oder feminin sind, oder irgendwo dazwischen stehen, finden Sie wieder zurück zu Ihrer wahren Natur.
Sehen Sie in den Spiegel und schauen Sie sich tief in die Augen und dann sei die Frage erlaubt:

Sind Sie es nicht wert, der zu sein, der Sie wirklich sind?

Um zurück zu IHREM Leben zu finden,
finden Sie SICH!

Noch ein RAT:
Liebe Mütter unter Ihnen, Sie müssen nicht **alles** kontrollieren, auch Sie dürfen mal schwach sein und sich fallen lassen, nur

finden Sie den richtigen Partner dazu, bei dem Sie sich wohl fühlen und dem Sie vertrauen, wenn Sie sich fallen lassen, aber dann tun Sie dies bitte auch.
Lernen Sie, zu hören und Sie werden den Ort finden, an dem Sie das wieder können.

Das gilt für ALLE!
Auch wenn Sie sich gerade nicht angesprochen fühlen!

Eine Frau saß

Eine Frau saß betrübt an einem Feldweg, als ein alter Mann des Weges kam. Er fragte sie: *„Sage mir, warum bist Du so betrübt?"*
Die Frau antwortete: *„Ich habe mich verlaufen, verlaufen in meinen Gefühlen. Ich weiß nicht mehr ein noch aus. Ich weiß im Grunde, dass ich etwas ändern muss, aber genau davor habe ich Angst, eigentlich läuft auch alles gar nicht so schlecht."*
Der alte Mann schaute sie lange an. *„Nicht so schlecht, sagst Du, das bedeutet, dass es Dir auch nicht so gut geht. Du hast Angst vor der Veränderung, doch wer nur das tut, was er bisher getan hat, bleibt immer der, der er schon ist!"*
„Ja, ich weiß, doch ich habe Angst, weil ich nicht weiß, was die Zukunft bringt." Der alte Mann lächelte und sagte: *„Du sollst die Zukunft nicht fürchten, Du solltest Dich ihr stellen, Du bist diejenige, die sie schreibt, es ist* **deine** *Zukunft."*
Die Frau weinte und sagte: *„Was ist, wenn die Zukunft für mich nicht besser wird, wenn ich den neuen Weg einschlage?"*
„Wenn Du ihn nicht einschlägst, wird es auch nicht besser und wird bleiben, wie es bereits ist. Bedeutet das nicht dann, bereits verloren zu haben? Warte nicht auf Deinen Erfolg. Um den Erfolg zu leben, verursache ihn!"
Verängstigt und mit Tränen in den Augen schaute sie ihn an, als der alte Mann sagte: *„Ich sehe Deine verzweifelten und verängstigten Augen und Dein weinendes Herz. Ich habe etwas für Dich,*

was Dich weiterbringen wird, wenn Du es beachtest.“
Er nahm aus der Innentasche seiner Jacke etwas heraus und drückte es der Frau in die Hände.
Sie schaute ihn an, zweifelnd und doch voller Hoffnung.
Der alte Mann lächelte und sagte: *„Befolge meinen Rat und Du wirst wieder zu Dir finden und auch wieder richtig glücklich.“*
Er richtete sich auf, drehte sich um und ging.
Die Frau schaute ihm lange nach, bis sie auf ihre geschlossenen Hände schaute.
Langsam öffnete sie ihre Hände und sie sah ein kleines Herz, auf dem stand geschrieben:

Du hast bereits Glück, doch um es zu behalten, achte darauf!

Fragend schaute sie das Herz lange an, dann drehte
Sie es langsam um und las:

Gib mir die Gelassenheit, Dinge anzunehmen,
die ich nicht ändern kann!

Gib mir die Kraft, Dinge zu ändern,
die ich ändern kann!

Und bitte hilf mir, die Wahrheit zu sehen,
dass ich das eine von dem anderen unterscheiden kann!

Schau in den Spiegel

und DU siehst DEIN Gesicht,
schau in DEINE Augen
und DU wirst sehen, wer DU wirklich bist.
Schau tief hinein und sehe das Geschenk, das DU bist.
NEIN schau nicht an DIR vorbei, schau DICH an.

Und solltest DU eine Träne in DEINEM Auge sehen,
dann bist DU auf dem Weg zu DIR.

Dass DU in DEINEM Herzen den Weg zu Dir
und zu Deinem Glück wieder findest,
das wünsche ich DIR.

KAPITEL 17

Liebe fragt nicht!

Hat sie nie getan!

Sagen SIE NICHT: *„Ich kann vielleicht nicht lieben!"*
Sollten Sie diese Aussage immer noch für sich geltend machen, dann klappen Sie das Buch hier besser wieder zu, schlafen Sie eine Nacht darüber und fangen Sie dann wieder ganz von vorne an. Sie belügen sich nämlich wieder selbst!

Liebe fragt doch nicht danach,
was Sie können oder nicht können.
Liebe wartet doch nicht,
bis Sie dazu Lust und Laune haben.

Liebe fragt nicht, Liebe ist!

Mag sein, dass Sie Angst haben. Nehmen Sie Ihre Angst und lernen Sie, mit ihr umzugehen, laufen Sie nicht vor ihr weg.
Liebe kommt meist unerwartet. Liebe fragt nicht nach Zeit, also sagen Sie nicht, dass Sie dafür gerade keine Zeit haben, oder dass sie zur falschen Zeit kommt.
Nehmen Sie IHR Glück in IHRE Hände, bevor es sich wieder entfernt, denn ist die Liebe vorbei, dann nützt Ihnen auch alle Zeit der Welt nichts mehr!
Angst vor der Liebe haben viele. Das geht mir nicht anders, darum reden Sie sich nicht selbst etwas ein und: bitte keine Ausreden mehr! Natürlich kann auch die nächste Beziehung schiefge-

hen, doch wenn Sie offen und ehrlich zu sich und dem anderen sind, wenn Sie wirklich lieben, dann stehen die Chancen ziemlich gut.
Sollte es auf der anderen Seite genauso sein, dann stehen die Chancen sogar hervorragend.

Sagen SIE NICHT:

„Sie könnten nicht in ganzem Umfang lieben."

Die Liebe selbst bestimmt die Größe des Ganzen, nicht Sie.
Sie entscheiden jedoch noch etwas viel Wichtigeres, nämlich, ob Sie diese Liebe **zulassen** oder nicht und somit auch, ob Sie glücklich werden oder nicht. Nur entscheiden Sie sich bitte richtig. Natürlich haben Sie Zweifel, bleiben Sie aber bei der Wahrheit. Sie belügen sich wieder selbst, wenn Sie die Liebe nicht im Ganzen zulassen.
Sie verlieren viel mehr, wenn Sie weglaufen.
Vielleicht geht Ihnen gerade jetzt noch eine andere Frage durch den Kopf: Was ist mit Sicherheit?
Nichts ist sicher, darum hören Sie auf, sich über die Unsicherheit einer jeden Liebe Gedanken zu machen. Jede Beziehung ist so sicher, wenn wahre Liebe im Spiel ist, wie Sie zu sich und Ihren Gefühlen stehen. Wenn die Chemie bei beiden stimmt, bestimmen Sie selbst die Sicherheit Ihrer Beziehung.
Ein weiser Mann sagte einmal, dass 75% des Glücks Eigenaufbau wäre. Wenn sich also zwei gefunden haben und zu ihren Gefühlen stehen, dazu ihre Angst beherrschen und dann auch noch hören können, zum guten Schluss dazu stehen und der Wahrheit und sich selbst treu sind, dann haben Sie schon mal 75% Ihres Glücks auf Ihrer Seite. Ist es so, dann braucht man kein Mathegenie zu sein, um das Ergebnis auszurechnen.

Vergessen Sie das mit der Sicherheit.

Denken Sie nicht darüber nach, was in fünf oder zehn Jahren ist. Leben Sie diese fünf oder zehn Jahre und arbeiten Sie an Ihrem Glück und lassen Sie es vor allem zu, dann bestimmen **SIE**, wie es aussieht. Die Zukunft ist noch nicht geschrieben, **SIE** schreiben noch daran. **SIE** bestimmen, was in der Zukunft geschieht. Ich wünsche Ihnen mehr Glück als ich es hatte, statt zu sagen:

Hätte ich ..., lieber zu sagen: **Ich habe ...!**

Nichts im Leben ist sicher, außer dass wenn Sie Ihr Leben nicht in die eigene Hand nehmen, Ihr Leben an Ihnen vorbeizieht! Sie brauchen keine Lügen, auch wenn es anfangs einfacher ist, an Selbstlügen festzuhalten, vergessen Sie nicht, dass sie falsch und zerstörerisch sind.

Nichts ist sicher,
außer dass wenn Sie es nicht wagen zu gewinnen,
Sie bereits verloren haben.

Also sollte bei Ihnen der Gedanke an die Angst oder eine Unsicherheit kommen, dann erst recht!
Wenn **die Chemie** zwischen zwei Menschen stimmt, aber Sie sich selbst nicht vertrauen, dann vertrauen Sie der Liebe!

Sie werden sehen, dass Sie dann nur gewinnen können. Selbst wenn es bedeutet, dass Sie erst noch eine schwere Zeit durchstehen müssen, wird das Ergebnis am Ende sein, dass Sie glücklich werden und Ihr Leben wirklich selbst leben.

Außerdem darf es nicht sein, dass wenn sich zwei gefunden haben, sie nicht zusammenkommen und auch zusammen bleiben.

Es soll zusammenkommen, was zusammengehört.

Warten Sie nicht, bis die Liebe geht, sondern halten Sie sie fest.

Auch hier frage ich **SIE**:
WAS WÜRDEN SIE IHREM KIND JETZT RATEN?

Dahingleitend

emporgehoben vom Wind.
Sanft und leicht wie eine Feder,
so lege ich sie in sie hinein.
Wie auf einem Floss,
so werden sie von dieser Feder getragen.
Weich und behütet,
sicher und geborgen,
so schweben sie in dieser Feder zu Dir.
Ob hinauf oder auch hinab,
sie wird weiter auf dem Wind gleiten.
Wohin der Wind sie auch weht,
die Feder wird den Weg zu Dir finden.
Mag es auch eine Zeit dauern,
mag auch noch einiges geschehen,
so werden sie weiter von ihr getragen.
Und sollte meine Feder Dich erreichen,
so halte sie ganz fest und drücke sie an Dein Herz,
Lasse sie zusammenkommen,
lasse sie zu einer Einheit werden,
damit zusammenkommt,
was zusammengehört.

Und solltest Du gerade jetzt eine Wärme in Dir spüren,
so haben die Ersten Dich schon erreicht.

Liebe Feder,
ich danke Dir,
dass Du sie zu ihr bringst,
die Schläge meines Herzens,
die für sie schlagen.

Liege hier und träume

Meine Träume
begleiten mich und drehen sich um Dich!
Sehe, wie wir auf der Wiese liegen und die Sonne genießen.
Du liegst in meinem Schoß und ich streichle Dein Gesicht.

KAPITEL 18

Was bedeutet schon ein NEIN?

Ein Grund zu resignieren?

Haben Sie keine Angst davor, einen Korb zu bekommen, denn was bedeutet schon ein NEIN?
Es kann vieles, aber auch gar nichts bedeuten.
Haben wir nicht schon alle mal ein NEIN bekommen?!
Hat die Welt sich dann nicht auch weitergedreht? Ist die Sonne am nächsten Tag nicht mehr aufgegangen und wieder unter?
Es ist kein schönes Gefühl und es tut weh, jedoch bedeutet, einen Korb zu bekommen nur, dass die andere Seite nicht dieselben Gefühle hegt. Seien sie froh, dass Sie ein NEIN bekommen haben, sonst wären Sie mit der falschen Person in Ihr angebliches Glück gestartet.

Also Liebe auf Zeit.

Die richtige Person wartet doch noch auf Sie und wären Sie dann in einer Beziehung auf Zeit und die für Sie richtige Person könnte andere Wege einschlagen. Dass wäre wohl schlimmer, oder? Also bitte: GEDULD.
Es könnte auch sein, dass die andere Seite NEIN sagte, weil sie Angst hat und noch nicht so weit ist, wie **SIE** hoffentlich jetzt sind. Dann erst recht Geduld und durchhalten, aber keinesfalls AUFGEBEN. Bitte finden Sie vorher heraus, ob die andere Seite Angst vor der Liebe hat oder Sie nicht liebt.

Wie Sie das herausfinden?

Fragen Sie und „HÖREN" Sie, was die andere Seite **wirklich** sagt.

Interpretieren Sie nicht, sondern stehen Sie zur Wahrheit und hören Sie einfach nur zu.
Ein Beispiel: Sagt die andere Seite, dass die Chemie, die zwischen Ihnen beiden besteht, stimmt, dann hat sie nichts anderes gesagt als, ja ich liebe Dich, habe aber Angst davor. Wenn Sie dann aufgeben würden, würde das bedeuten, vielleicht vor der einzigen Chance wegzulaufen, bei der Sie RICHTIG glücklich werden könnten!

Die Chemie ist die Wurzel der Liebe und des Glücks!

Jeder hat ein Recht auf Liebe, AUCH SIE!
Dann laufen Sie auch nicht mehr vor der Liebe davon!
Mir sagte meine damalige Lebensgefährtin, „mein Traum", dass sie nicht wüsste, ob sie wirklich lieben kann, dabei tat sie es bereits und gestand es mir nach knapp einem Jahr dann auch.
Auch bei ihr hat die Liebe nicht gefragt, ob sie bereit wäre. Nur durch das Hören habe ich damals gedacht, ihre Liebe zu mir zu verstehen, doch war ich zu der Zeit auf der Flucht vor mir selbst und habe **mich** nicht gehört und somit auch sie nicht wirklich gehört. Ich dachte, sie wäre diejenige, die vor sich selbst floh und habe diese Beziehung beendet. Sie sehen, wie dumm es ist, wenn man sich nicht der Wahrheit stellt.
Bitte lernen Sie daraus, er lohnt sich immer, der Kampf um die Liebe.
Lernen Sie bitte aus meiner Dummheit.
Wenn Sie und die andere Seite bereit sind, die Liebe zuzulassen, dann sieht das Ende anders aus als bei ihr und mir.
So wünsche ich Ihnen den Mut, sich selbst und Ihren Weg zu finden und wünsche Ihnen Glück und die Liebe.

Lieben heißt loslassen!

Wachen Sie wieder auf und bleiben Sie wach, egal was auch geschieht, denn sonst endet es wie bei ihr und mir, wollen Sie das?

Sollten Sie jetzt sagen:
„Weiß nicht mehr, was ich fühle“,
oder *„Bin mir meiner Gefühle nicht sicher“*, dann erlauben Sie mir die Frage: **„Ist es wirklich so?“**
Oder liegt es vielleicht daran, dass Sie es nicht wissen wollen, weil Sie Angst haben?

Erwarten Sie nicht, dass die Liebe auf Sie wartet, bis Sie es für richtig halten, wenn die Wahrheit schon längst auf der Hand liegt.

Lassen Sie Ihr Herz sprechen und haben Sie keine Scheu, ein NEIN zu sagen, wenn es **wirklich** so ist und seien Sie dabei bitte nicht diplomatisch, sondern ehrlich und direkt.
Sie sollen dem anderen nicht absichtlich weh tun und nicht hart vorgehen. Sie sollten aber aufrichtig sein, damit die andere Seite sich der Wahrheit stellen kann. Sollten Sie diplomatisch vorgehen, so könnte es sein, dass die andere Seite Ihre Aussage falsch interpretiert und sich so selbst etwas vormacht. Sind Sie nicht direkt, dann sind Sie auch dafür verantwortlich, dass die andere Seite interpretieren kann oder sogar muss.
Das ist das Sender–Empfänger-Prinzip, der Zwischenraum zwischen Sender und Empfänger, der Raum für Interpretationen lässt, ist vorhanden.

Sie sind auch dafür verantwortlich
was die andere Seite versteht.

Bitte spielen Sie nicht mit den Gefühlen, äußern Sie Ihre.
Sie wollen Fairness, also ..., aber das hatten wir bereits.

Aus vielen, die sich ihrer Gefühle nicht sicher sind, sprechen häufig Angst und Zweifel.
Nur Ihr Herz kennt die Antwort, Ihr Herz möchte Ihnen das schon die ganze Zeit sagen und Sie hören ihm nicht zu.

Schauen Sie in den Spiegel, schauen Sie nicht mehr weg,
gestehen Sie sich Ihre Gefühle ein.
Fangen Sie an, zu sich und Ihren Gefühlen zu stehen!

Wachen SIE auf!
Es ist Ihr Leben, es ist Ihre Liebe!!!

Werde mit einer Träne im Auge zurückbleiben

Habe nicht aufgegeben, habe nicht nachgegeben.
Du wirst meinen Schmerz nicht sehen,
meine Tränen nicht fühlen.
Keinen Kampf mit mir haben.
Keinen Ärger,
keinen Stress.
Werde Dir nicht im Wege stehen,
doch werde ich Deinen Weg ebnen und säen.
Während ich hier schreibe,
weint mein Herz um und für Dich.
Meine Liebe ist so groß,
doch auch der Schmerz.
Du läufst vor Dir weg,
läufst vor Deinen Gefühlen weg,
somit auch vor mir.
Kann Dich nicht zurückhalten,
doch in der Dunkelheit das Licht bieten,
das Dich weiterführt.
Du wirst nicht wissen, dass ich es bin,
der Dich behütet hat in der dunklen Zeit.
Wirst mich wohl bald schon vergessen,
weil Deine Angst und Deine Flucht zu groß sind,
doch wird meine Saat Dir irgendwann Deinen Weg zeigen.
So bleibe ich zurück,
mit der Hoffnung,
dass Du Dich findest,
auch wenn ich dann nicht mehr da bin.

Mit einer Träne im Auge,
bleibe ich zurück und schaue Dir nach.

Mein Traum,
nur jemand, der Dich wirklich liebt!

Mach ich meine Augen zu

so sehe ich Dich,
wie Du vor mir liegst.

Schau in Deine Augen,
so fühle ich das Wunder.
Sie tragen mich und geben mir Halt.
Sie beruhigen und wärmen mich.
Dann spüre ich Deine Lippen,
wie sie mich küssen.
So sanft und weich wie der Morgenwind.
Dann streicheln meine Hände Deinen Körper,
ich fühle Dich und wir verschmelzen!
Möchte meine Augen nicht mehr öffnen,
bis DU vor mir liegst!

KAPITEL 19

Falscher Stolz

Falscher Stolz = verletzter Stolz

So viele Seiten haben Sie nun gelesen! Ich habe versucht, Ihnen einige Hilfestellungen zu geben, Ihnen die Augen zu öffnen und Wege aufzuzeigen. Sollten Sie einen Weg für sich entdeckt haben, dann liegt es jetzt an Ihnen, ihn auch zu gehen.

Wenn Sie momentan im übertragenen Sinne am Boden liegen, dann kann Ihnen doch, wenn Sie aufstehen, lediglich passieren, dass Sie wieder da landen, wo Sie sich gerade befinden. Und Sie sehen, man überlebt es. Viele Menschen sind jedoch in ihrem Stolz verletzt. Mag sein, dass die Liebe verschwunden ist, mag sein, dass man verlassen wurde, egal ob es gut oder böse war, richtig oder falsch. **Alles das ist Vergangenheit**.

Häufig ist es verletzter, falscher Stolz, der dazu führt, dass wir uns verlaufen oder Angst haben.

Über Angst haben Sie bereits gelesen und den verletzten, falschen Stolz, den brauchen Sie nicht. Also weg damit, stehen Sie auf, und wenn Ihnen jemand die Beine wegzieht, stehen Sie wieder auf, **SIE SIND ETWAS BESONDERES**, vergessen Sie das nicht!

Sollte Ihr Partner Sie verletzt haben, dann setzen Sie sich beide zusammen. Seien Sie beide offen und ehrlich, egal wie schmerzhaft die Wahrheit auch sei. Reden Sie und legen Sie die **ganze** Wahrheit auf den Tisch. Ist Liebe im Spiel, dann sollten Sie lernen, dass lieben auch verzeihen beinhaltet, wenn es etwas ist, was man verzeihen kann. Ist Liebe vorhanden, dann finden Sie auch wieder zurück zu diesem Glück. Vorausgesetzt, dass die andere Seite Sie nicht im Herzen betrügt. Schauen Sie in sich hinein, tief in Ihnen ist die Wahrheit verborgen.

Jetzt sollten Sie sie befreien.

Musik erklingt

Mache meine Augen zu und lasse mich von ihr leiten.
Eine Harmonie, ein Gleiten, ein Schweben.
Mir stehen die Tränen in den Augen,
doch bin ich nicht traurig.
Meine Mund lächelt, doch ist es nicht lustig.
Spüre keinen Kummer und kein Leid.
Fühle mich nur frei.
Ein Chor, der mit seinen sanften Stimmen mich
zu den Sternen hebt.
Leicht und sanft
werde ich getragen an den Sternen vorbei.
Umkreise Planeten, über Kometen hinweg.
Es ist nicht nur ein Gefühl,
es ist nicht nur ein Traum,
ist nicht nur Schein.
Es ist das sanfte Umarmen.
Fühle mich sicher und behütet,
da ich nicht alleine schwebe,
DEIN Bild in meinem Herzen ist, das mich begleitet.
So schweben wir beide eng umschlungen
weiter und immer weiter.
An den Sternen vorbei.
Klänge der Musik, so schön und voller Wärme.
So bist auch Du.
Lebst Du auch noch in zwei Welten,
so halte ich Dich ganz fest und schwebe mit Dir
immer höher und höher.
Nicht in eine Scheinwelt,
sondern in eine Zukunft voller Liebe und Wärme,
dorthin schweben wir.
Ist der Weg auch weit,
so werden wir weiter schweben.
Solange es auch dauern mag,
solange sage ich danke.
Danke dafür, dass ich ***Dein*** Bild in meinem Herzen trage.

Menschen mögen die Veränderung nicht,

doch das Leben ist ständige Veränderung.
Und Veränderung ist das Wagnis zu leben!

Zeit, die verrinnt

Zeit vergeht.
Die Tage, die vorbei, sind allerlei.
Weiß nicht, was kommt, weiß nicht, was geschieht,
doch weiß ich, wo ich sein will und hingehöre.
Die Sonne strahlt, so wie Du, wenn Du morgens aufwachst.
In diesen Momenten weiß ich, warum ich bin.

Am Meer, da möchte ich mit Dir sein.
Weiß, dass bis dort der Weg ist noch weit,
doch bitte ich Dich um Geduld und das Meer um etwas Zeit,
so wird der Wunsch der Blume doch Wirklichkeit.

Ich danke Dir, mein blonder Engel,
dass Du da bist für mich,
mir beistehst in der doch so großen Not.
Ich danke Dir,
dass Du wieder an uns und mich glaubst.

Jedes Mal, wenn Du mir sagst, dass alles wird gut,
dass WIR es schaffen, gibst Du mir Mut.
Ich danke Dir dafür.

Und eins sei Dir gewiss,
ich werde für uns kämpfen,
werde dem Ruf der Blume gerecht.

Bitte verzeih mir

wenn ich Dir weh tat.
Bitte verzeih mir, wenn ich Dich verletzt habe.
Doch stehe ich zu dem, dass Du zu Dir finden solltest.

Wenn Himmel und Hölle aus dem Ruder geraten,
nicht mehr sind, was sie einst waren.
Wenn Sonne und Mond ihre Plätze tauschen,
nicht mehr ihre Plätze einhalten.
Ebbe und Flut verweilen,
nicht mehr weichen.
Wenn Engel nicht mehr fliegen.
Wenn Menschen nicht mehr weinen.
Wenn Kinder nicht mehr lachen.
Wenn eine Rose nicht mehr blüht,
dann liegt es daran, dass sie denselben Weg gehen wie Du.

Bitte halte ein und stelle Dich Deinem Leben.
Nichts mehr ist wichtig, nicht wichtiger als Du!
Nicht übertrieben, nicht zu hoch gegriffen,
nicht sinnlos soll mein Wunsch an Deinem Tag sein.
Ein Wunsch, der alles wieder in den Lauf des Lebens bringen
kann, den wünsche ich mir von Dir.
Weiß, dass Du den Tag feierst, weiß, dass es Dein Tag ist,
doch bitte lass mein Herz blühen, lasse zu, was leben heißt.

Fühle den Schmerz, fühle das Leben.

Wie sollte das Leben in seine Bahnen laufen,
wenn ein Engel wie Du seine Flügel missbraucht?
Weiß, dass Du das Glück der anderen vor Deines stellst,
deswegen weine ich in der Stille.
Wie sollte das Leben sein, was für einen Sinn hat es noch,
wenn ein Engel wie Du, nicht mehr fliegt?
Du bist die Farben des Regenbogens,
bitte lasse sie wieder erstrahlen.
Keine Angst zu groß sein kann,
keine Furcht zu stark, dass ich sie mit DIR nicht bezwinge,
FÜR DICH!

KAPITEL 20

Eifersucht

Von Schmerz begleitet

Eifersucht – ein Gefühl, gegen das man sich nicht wehren kann. Doch man kann lernen, mit ihr umzugehen.

Was bedeutet Eifersucht?

Sie bedeutet, dass man Angst davor hat, etwas oder jemanden zu verlieren.
Die Angst haben wir in den vorigen Kapiteln schon kennen gelernt, und wie bei jeder Angst können wir lernen, auch damit umzugehen. Wichtig ist für diejenigen, die es betrifft, dass Sie sich von dieser Angst genauso wenig beherrschen lassen, wie von irgendeiner anderen Angst. Sie müssen die Angst beherrschen und leiten, nicht umgekehrt. Wenn Sie dieses Gefühl spüren, sollten Sie mit Ihrem Partner oder Ihrer Partnerin darüber reden, warten Sie nicht, bis die Angst größer wird und anfängt Sie zu kontrollieren und innerlich aufzufressen.
Reden Sie über Ihre Gefühle, ob positiv oder negativ.
Ein Beispiel kann Ihnen vielleicht helfen: Zwei sehr gute Freunde gehen durch dick und dünn. Einst waren sie ein Paar, doch wie das Schicksal es wollte, trennten sie sich und sie gingen eine Freundschaft ein, die so stark wurde, dass sie Geschwister hätten sein können. Nach Jahren dieser Freundschaft kam in sein Leben die Liebe zu einer anderen Frau, die Angst hatte, er könne wieder zu seiner alten Freundin zurückgehen. Er bewies ihr, dass diese Angst unbegründet war, die alte Liebe war lediglich eine gute Freundin, nicht mehr, aber auch nicht weniger. Er gab seine

„kleine Schwester“ nicht auf und durchstand die schwierige Situation. Nach einer Weile spielte sich alles ein. Nun kam die Zeit, wo auch die alte Freundin einen neuen Freund fand. Er freute sich für sie und unterstützte sie, wo er konnte. Doch der neue Freund war so eifersüchtig, dass er es schaffte, dass sie die Freundschaft mit ihm abbrach. Sie tat das Gleiche auch bei all ihren Freunden, weil ihr neuer Freund damit Probleme hatte. Eifersucht kann zerstörerisch sein. Ich hoffe nur, dass die zwei nie auseinandergeraten, denn dann würde sie erkennen, was sie alles durch diese Eifersucht verlor.
Ein kleiner Tipp: Geben Sie nie eine gute Freundschaft für eine neue Liebe auf. Sie sehen, wozu dies führen kann. Darum kontrollieren Sie Ihre Gefühle und lassen Sie sich nicht von ihnen kontrollieren.

Dieses Kapitel widme ich einem blonden Engel (...chen) und wünsche ihr, dass auch sie sich findet und alles Glück auf ihrem Weg.

Wie ein heller Schein,

wie der erste Sonnenstrahl,
so ist es, wenn ich es sehe.
Viel Wärme und neue Hoffnung in einer kalten Zeit,
das ist, was es mir gibt.
Manchmal der einzige Halt, den ich noch habe,
dieses Bild.

Dann wird mir klar, was ich sehe, und ich sage zu dem Bild:
Hallo, hübsche Lady.

KAPITEL 21

Träume

Ich träume!

Nicht jeder Traum sollte erfüllt werden.
Ist jeder Traum erfüllt, so sind schon neue geboren.
Träume können sehr schön sein, solange sie Träume sind.
In diesem Kapitel beschäftige ich mich mit der Frage, ob man „flirten“ darf, auch wenn man in einer Beziehung lebt, in der man wirklich liebt.
Natürlich dürfen Sie mit anderen flirten, aber was bedeutet flirten eigentlich?
Ich meine nicht, was es für Sie persönlich bedeutet, sondern was es wirklich bedeutet.
Tun Sie nichts, was Sie dem anderen nicht auch gönnen.

Dieses gilt für alle Bereiche des Lebens. Sollten Sie eine offene Beziehung führen oder nicht, seien Sie fair, wenn auch Sie fair behandelt werden wollen, und gönnen Sie sich das, was Sie auch dem anderen gönnen.

Auch andere Menschen können und dürfen Sie reizen, doch es ist nur ein Reiz, der bestätigt, dass Sie begehrenswert sind. Lassen Sie sich aber nicht auf diesen Reiz ein, wenn Sie es Ihrem Partner oder Ihrer Partnerin nicht auch gönnen.
Verwechseln Sie bitte nicht Liebe mit Sehnsucht.
Sehnsucht, dieser Reiz, den andere auf uns ausüben, ist meist ein Weglaufen vor den eigenen Gefühlen. Ihre Kinder werden ge-

nauso, denken Sie daran. Unterscheiden Sie, was es wirklich ist, was Sie antreibt. Bevor Sie diesem Reiz nachgehen, sollten Sie in einer Beziehung stehen, in der Sie wirklich lieben, haben Sie mehr zu verlieren als zu gewinnen. Und sagen Sie nicht, Sie können nicht treu sein, das ist eine Selbstlüge!
Spielen Sie bitte **nicht** mit den Gefühlen anderer Menschen.
Sie möchten auch nicht, dass man mit Ihnen spielt.
Bleiben Sie sich selbst treu!

Hallo, mein Traum

sehe einen Regenbogen und denke an Dich!
Würde ihn gerne mit Dir teilen!
So bewahre ich ihn in meinem Herzen auf,
bis Du bei mir bist!
Dann schenke ich ihn Dir!

Ein Sonnenstrahl

den fange mir ein.
Schließe ihn in Deinem Herzen ein und bring in mit.
Hier lass ihn wieder raus und lass ihn wieder strahlen.
Er wird mir sagen, dass er mein Bild in Dir sah!

Bilder in meinen Kopf

Bilder durchziehen meinen Kopf,
sie ziehen weiter in mein Herz.
Bilder, wie es einst war, sie zeigen, was einst geschah.
Sehe noch, wie Du zum ersten Mal bei mir warst,
Dein Rock war leicht zerrissen.

Stehe in Gedanken in der Stadt,
sehe noch, wo wir mittags uns zum Essen trafen.
Sehe noch, wo wir uns trafen und Kaffee tranken.
Wir lachten und gaben uns wie kleine Kinder heimlich Küsse,
damit es keiner sah.
Sehe noch, wie wir voreinander saßen
und unsere Hände hielten, wir schauten uns tief in die Augen.

Weiß noch, wie wir im Park lagen und aufs Wasser schauten.
Die Zeit schien stillzustehen und wir fühlten uns immer gut dabei.
Du zeigtest mir Deine Arbeit und wir waren eins.

Immer wieder sehe ich diese Bilder,
auch, wie wir eng umschlungen tanzten,
damals in der Halle, und wir fühlten unsere Herzen schlagen.
Spüre es noch heute, wie Du Dich an mich lehntest.
Sehe die Bilder noch, wie Du vor mir lagst,
schauten uns an und zwei Herzen verschmolzen.
Eine ganz besondere Wärme und Zweisamkeit, die uns durch-
strömte.

Bilder, sie durchströmen mich,
wie wir ineinander bei mir oder bei Dir waren.
Zärtlichkeiten, das Streicheln unserer Haut,
das Berühren unserer Lippen.
Unsere Hände lernten den anderen Körper kennen.
Wir ließen uns fallen, vertrauten uns, wir gaben uns beide so viel.
Wir tankten immer Energie dabei und wir fühlten uns frei.

Nun, Du sagst, Du hast nicht mehr die Zeit,
doch weiß ich nicht, ob Du nicht auch vor mir fliehst.
Weiß, dass die Zeiten sich ändern, doch nicht so sehr,
dass wir diese Bilder gar nicht mehr erleben.
Wir trafen uns heimlich und doch sehr häufig.
Eine Träne verlässt mein Herz, weil wir uns kaum noch sehen.
Weiß nicht, ob es an der Zeit liegt, ob es daran liegt, dass Du fliehst,
fliehst vor mir?
Du sagtest, Du wärst Dir nicht sicher,
als wir uns fühlten, dann warst Du es.
Weiß ich doch, dass Deine Unsicherheit größer wird,
umso weiter Du von mir wegbleibst.
NEIN mach keinen Druck, denn ich weiß,
dass ich Dich nicht aufhalten kann,
wenn Du vor mir und Deinen Gefühlen wegläufst.

Vielleicht hast Du auch Angst,
die Antwort zu fühlen, wenn wir uns sehen.
Möchte nur nicht,
das Du Deine Gefühle zu mir und auch nicht mich vergisst.

Wie solltest Du auch sicher werden,
wenn Du mich nicht mehr siehst?
So weiß ich doch, wenn man sich sehen will,
so findet man einen Weg.
Weiß nicht einmal,
ob Du auch diese Bilder noch in Dir trägst und sie auch fühlst,
oder schon zu weit weg bist?
Zwei Herzen die füreinander schlagen, scheinen zerrissen, und doch
werde ich für Dich da sein, wenn Du mich brauchst.
Tut es auch noch so weh,
so hält meine Träne diese in meinem Herzen.
So bleiben mir nur noch diese Bilder, von dem was einst war.

In der Hoffnung, dass Du zu Dir und dann wieder zu mir findest.
Ich liebe Dich!

Ungewollt und doch da

unverhofft, als es geschah,
so geschehen, als wir uns sahen.

Habe nicht gewusst, was es mit sich bringt,
habe nicht geahnt, wie wichtig es ist.
Nicht der Verstand, der sich rührte,
das Herz war, was uns führte.

Mauern, die wir einst aufgebaut, zerfielen wie Staub.
Grenzen, die einst gesteckt, so leicht wurden sie gesprengt.
Ungeschützt waren wir, als unsere Augen sich trafen.
Das Schicksal seine Bahnen zog und uns zusammenführte.

So wurde schon fast ein Jahr daraus.
Die Hölle und der Himmel war, was Du mir bisher zeigtest.
Schmerz und auch Liebe, die Du mir gabst.

So hoffe ich, dass unsere Herzen weiter zueinander finden,
so hoffe ich, dass Du Dich weiter öffnest und zu Dir findest,
so hoffe ich, dass Du zulässt, was man Liebe nennt.

Das ist, was ich Dir wünsche und auch hoffe,
an einem besonderen Tag wie heute.

So wünsche ich Dir, DEINEN WEG,
so schenke ich Dir meine ganze Liebe,
zu Deinem Geburtstag.

Dein Träumer

KAPITEL 22

Zeit für Trauer

Sie brauchen Zeit!

Ein weiser Mann sang einmal in einem Lied:
„Es tut weh, wie beim ersten Mal, es tut weh, einfach jedes Mal, es tut weh, heute ein bisschen mehr, weil ich weiß, alle Tränen der Welt und Versprechungen, die man eh nicht mehr hält, bringen Dich nicht mehr her!"

Nach einer längeren Beziehung wird es immer weh tun, wenn eine Trennung vorliegt oder bevorsteht.
Es geschieht recht häufig, dass der eine oder andere kurz nach einer Trennung die nächste Beziehung anfängt.
Mag sein, dass es funktioniert, doch die Erfahrung spricht dagegen.
Wundert Sie das wirklich?

Auch wenn man schon länger weiß, dass man sich trennt, so fehlt doch häufig die Zeit, nach der Trennung zu sich selbst zu finden.
Meist ist die nächste Beziehung eine Flucht vor sich selbst und der Vergangenheit. Diese Flucht führt dazu, dass diese neue Beziehung zum Scheitern verurteilt ist, was wiederum dazu führt, dass direkt danach oder sogar während der noch bestehenden Beziehung wieder ein neuer Versuch mit jemand anderem gestartet wird.
Dieses Kapitel soll Ihnen Mut machen, in einer solchen Situation mal eine Pause einzulegen.
Kommen Sie zu sich und bleiben Sie stehen.
Was Ihnen fehlt, ist die Zeit zu trauern.

Dabei kommt es nicht darauf an, ob Sie Ihren oder Ihre Ex- oder Noch-Partner/in geliebt haben oder nicht, sondern darauf, sich zu sammeln, sich selbst wiederzufinden und herauszufinden, was Sie wirklich wollen.

Höre schon die Fliehenden: *„... ich weiß, was ich will und ...“*,
ach ja, ist es wirklich so?

Sollte es bei Ihnen so sein, sehen Sie in den Spiegel und schauen Sie sich dann in die Augen und für die, die Kinder haben, schauen Sie Ihren Kindern in die Augen und wiederholen Sie diesen Satz bitte noch einmal.

Es liegt mir fern, Ihnen zu sagen, was Sie tun sollen und was nicht, ich möchte Ihnen nur einen Impuls geben, Luft zu holen und nicht mehr zu fliehen.

Trauern gehört zur Liebe und zum Leben dazu, dabei trauert man doch im Grunde für sich und um sich selbst. Die Trauer ist ein wichtiger Bestandteil dieses Prozesses. Sie wissen doch noch: Yin und Yang, Freud und Leid (Trauer).

Stellen Sie sich vor, Sie haben eine schwere Arbeit hinter sich. Sie haben Monate, vielleicht sogar Jahre daran gearbeitet. Egal was am Ende dabei herauskam, sie haben hart daran gearbeitet, ohne Urlaub, ohne richtige Pausen. Sie haben Ihr Herzblut hineingesteckt, verzichtet und gehofft. Sie sind erschöpft und müde. Nun ist die Arbeit beendet und Sie wollen direkt wieder loslegen mit der neuen Arbeit?
Oder für die Sportler unter Ihnen: Stellen Sie sich vor, Sie haben hart für einen Wettkampf trainiert. Doch dann läuft alles anders als erwartet. Sie haben nicht gewonnen, doch es war ein hartes Match und Sie sind müde. Trotzdem wollen Sie, anstatt erst Ihre Wunden zu lecken und sich zu sammeln, sofort nach dem Wettkampf wieder ins Training gehen mit leerem Tank?

Sollten Sie dies tun, sind Sie ein Held! Unermüdlich und immer 100 %, toll, immer da und nicht kaputtzukriegen.

Und den Sch ... glauben Sie wirklich?

Jede Beziehung ist auch eine Arbeit oder vielleicht auch ein Wettkampf. Diejenigen, die es betrifft, möchte ich nicht angreifen, auch nicht die Bedeutung einer Liebe schmälern. Ich möchte nur, dass Sie sich eine Pause gönnen, um sich zu finden und aufzutanken.

Häufig ist eine neue Beziehung, kurz nach einer Trennung, doch nur wieder eine Flucht. Sie sollten sich nichts vormachen, nicht wenn Sie die Wahrheit im Grunde schon kennen.

Ich sitze dabei mit Ihnen in einem Boot, denn ich habe auch versucht, meine Vergangenheit mit etwas Neuem zu überspielen, doch gelungen ist mir das auch nicht. Durch viele Gespräche mit Betroffenen habe ich herausgefunden, dass nur weitere Menschen dazukamen, die nun leiden, weil man jemandem Hoffnungen gemacht hat, der in Wirklichkeit nur Ersatz oder eine Flucht war und somit nicht wirklich eine Chance hatte. So kommt es zu weiteren Opfern.

Aua, das tut weh, nicht wahr?

Das wollten Sie nicht, doch schauen Sie zurück und sehen Sie die Ruinen hinter sich. Einige hätten wirklich nicht sein müssen. Diese Menschen sind nun auch verletzt und dabei waren sie unschuldig an der Vergangenheit und zahlen nun doch dafür.

Wie viele Opfer haben SIE?

Ich möchte bei mir gar nicht anfangen zu zählen, auch ich habe diesen Fehler begangen und das alles nicht gewollt, doch Unwissenheit befreit nicht von Schuld!

Weder bei mir noch bei Ihnen!

Hiermit bitte ich um Verzeihung für die Ruinen,
die ich hinterließ!

An der Vergangenheit können Sie nichts mehr ändern und auch ich kann es nicht, egal wie sehr wir uns anstrengen, doch WIR können daraus lernen, deshalb bitte ich Sie, lernen
Sie daraus und nehmen Sie sich Zeit für sich, Zeit zu verarbeiten und sich zu erholen.
Mit anderen Worten: *Nehmen Sie sich Zeit zum Trauern.*

Das wiederum soll nicht bedeuten, dass Sie jetzt eine Ewigkeit auf einen neuen Versuch verzichten sollen.
Diese Zeit sollte so lange andauern, wie **SIE** benötigen, um zu sich selbst zu finden und zu verarbeiten, was war, nicht mehr, aber auch nicht weniger!
Es gibt doch mittlerweile genug Ruinen, finden Sie nicht auch?

Es gibt noch eine weitere Gefahr bei einer sofort nach einer Trennung eingegangenen neuen Beziehung.
Sie haben noch nicht verarbeitet und sich noch nicht gefunden. Nun sind Sie wieder in der nächsten Beziehung und anfangs wird Ihnen diese auch gut tun, das mag sein. Doch eins ist gewiss: Sollten Sie noch nicht alles verarbeitet haben und noch abgelenkt sein durch die neuen Gefühle, so ist sicher, dass die Vergangenheit Sie irgendwann einholen wird!
Dann, wenn Sie es nicht erwarten, zahlt auch wieder jemand, der oder die für all dies nichts konnte.

Was wäre, wenn genau der oder die jedoch die Richtigen waren, Sie würden etwas verlieren, was SIE LIEBE nennen.

Man spürt oft erst das, was man liebt,
wenn man es bereits verloren hat!

Sagen Sie bitte jetzt nicht, ja das stimmt, verändern Sie es, lassen Sie nicht zu ...

Hier nochmals der Tipp:
Was würden
SIE IHREM KIND RATEN?

Manchmal

da könnte ich Dich ...

Gedanken, sie zeigen Dich, so sitze ich hier, weiß noch nicht, was
Du fühlst und das macht mich noch verrückt.
Dann kommt der Moment, da könnte ich Dich ...

Sehe in mir die Bilder von Dir, spüre noch, wie ich Dich berührte,
fühle noch deine Haut unter meinen Händen.
Sehe noch Deine Augen, sehe noch Dein Lächeln,
doch Du bist nicht da.
Dann kommt wieder der Moment, da könnte ich Dich ...

Schlage die Zeit tot und versuche mich abzulenken,
weil ich nicht weiß, wann ich Dich einmal wieder sehe,
nicht einmal genau weiß, ob Du das überhaupt möchtest.
So vergeht dann wieder ein Tag.
Und schon wieder kommt der Moment,
da könnte ich Dich ...

Es ist schon verrückt, obwohl ich Dich kaum kenne,
habe ich das Gefühl zu wissen, wer Du bist.
Würde gerne für Dich und deiner Tochter da sein und fühle,
dass Du mir fehlst.
Bin halt nicht normal und nicht wie die anderen, einfach gesagt,
spüre ich, dass ich mich nach Dir sehne,
gerade deswegen könnte ich Dich gerade jetzt ...

So spüre ich meine Ungeduld und weiß, dass es gar nicht an Dir,
sondern an mir liegt, so werde ich mich in Geduld üben,
und trotzdem könnte ich Dich manchmal einfach nur
in den Arm nehmen!

So bin ich froh, dass Du nicht weißt, welches Chaos in mir ist.

KAPITEL 23

Einfach hören

Achtsam sein

Sollten Sie wirkliche Liebe empfinden, dann hat die andere Seite es auch verdient, die Wahrheit zu erfahren! Deshalb ein Tipp: Sagen Sie es der anderen Seite gelegentlich, aber sagen Sie es. Liebe Frauen, nicht **immer** versteckte Liebeserklärungen, es ist nicht immer ersichtlich, was Sie dann sagen. Was für Sie einfach und offensichtlich ist, muss es nicht unbedingt auch für Ihr Gegenüber sein. Und liebe Männer, nur ab und zu etwas mitzubringen wie Blumen oder Sonstiges, sind damit nicht gleichzusetzen.

Schauen Sie der anderen Seite in die Augen und Sie werden Welten bewegen, wenn es aus Ihrem Herzen kommt.
Lassen Sie nicht zu, dass nur, weil Sie Angst davor haben, die andere Seite dies nicht hört. Haben Sie es einmal getan, dann wird es Ihnen auch gut tun.

Stehen Sie zu Ihren Gefühlen und zeigen Sie sie auch, glauben Sie mir, die andere Seite hätte auch weniger Ängste.
Wenn Sie es spüren, dann sagen Sie die berühmten drei Worte.

Lassen Sie Ihr Herz ruhig mal reden,
es ist ja immerhin Ihr Herz.

Im Folgendem lesen Sie weitere Briefe und Verse, die ich früher geschrieben habe. Sie waren für bestimmte Menschen bestimmt, sie haben damals zum Nachdenken angeregt und auch dem einen oder anderen geholfen. Heute sollen sie Sie, die vielleicht in einer ähnlichen Situation sind, zum Nachdenken anregen und vielleicht kann Ihnen das helfen.

Für alle, die sich aus Angst verlaufen haben

Habe keine Angst, dies zu lesen.
Möchte DICH an meinen Gedanken und Gefühlen teilhaben lassen. Möchte mich auch bei Dir bedanken dafür, dass Du Dich geöffnet hast. Weiß, dass es eine ganz neue Welt für Dich ist und Du Angst davor hast. Gibt es auch noch was, was Dich zweifeln lässt, so hast Du mir doch gezeigt, dass Du die Wahrheit kennst. Kenne Deine Zweifel und Deine Ängste, weiß, worauf sie sich beziehen.
Weiß, dass Du Angst hast, dass er Euch ganz verlässt.
Deine Angst, dass er nicht mehr für seine Kinder da ist, kann ich verstehen, was aber wäre er für ein Mensch, wenn er, weil Du ihn nicht mehr liebst, seine Kinder im Stich lässt?
Wie groß muss seine Liebe zu seinen Kindern sein, wenn er **sie** wegen nicht erwiderter Gefühle fallen ließe?
Du hast erkannt, dass Du **„nichts mehr“** für ihn fühlst, außer dass Du ihn als Vater Deiner Kinder schätzt. Du hast Dir bewiesen, dass die letzte Hoffnung nur noch eine Selbstlüge war, aus Angst Eurer Kinder wegen und aus Angst, nicht doch noch alles probiert zu haben.
Du sagtest, er hätte sich beschwert, dass Du ihm ausweichst, weiß er eigentlich, warum Du das tust? Weiß er überhaupt, was in Dir vorgeht, will er es überhaupt wissen?
Du hast ihm so viele Chancen gegeben, Du hast alles versucht, doch es fehlte die Liebe und er ist Dir nicht einmal entgegengekommen. Er merkt nicht, dass Du leidest oder will es nicht einmal wissen. Wie groß muss seine Liebe sein, dass er so etwas übersieht oder übersehen will?

NEIN, ich greife ihn nicht an, mache mir nur Sorgen um DICH. Lieben heißt loslassen, habe bewiesen, dass ich das kann, er jedoch setzt Dich unter Druck. Habe Angst um Dich! Du bist mehrmals bei mir zusammengebrochen und hast geweint, sage nicht, er weiß von alldem nichts. In all den Jahren und vor allem im letzten Jahr, sorry, so blind kann man nicht sein, wenn der andere einem etwas bedeutet.

Du hast geweint und wolltest ihm nicht wehtun und was macht er? Er sieht nicht, dass Du an ihm zerbrichst.

Dein Leiden haben sogar schon andere bemerkt und er, obwohl ihr zusammenwohnt, soll nichts von all dem bemerken?

Nein, ich greife ihn nicht an und wenn Du ehrlich bist, weißt Du, dass ich die Wahrheit sage.

Habe Angst, dass Du irgendwann zusammenbrichst und ich in dem Moment nicht in Deiner Nähe bin.

Du hast Dich geopfert, doch nun hast Du wirklich alles versucht, was muss noch geschehen, damit er sieht, dass Du kaputt gehst?

Für eine verlorene Liebe gibt es keinen Schuldigen und für Deine Gefühle kannst Du nichts. Du hast um die Liebe gekämpft, kann er das auch von sich behaupten, dass er alles getan hat für Dich? **Du kennst die Wahrheit!**

Du solltest es mit ihm nicht weiter in die Länge ziehen.

Es ist nicht fair, denn es geht um die Zukunft aller und umso länger Du es heraus zögerst, umso mehr verbaust Du auch Deine und seine Zukunft.

Er kann mit einer Frau glücklich werden, die ihn liebt, **was Du nicht mehr tust**, und er kann eine Frau finden, die zu ihm passt, jedoch nur, wenn er frei ist. Klar ist er frei, aber er weiß es noch nicht.

Du darfst ihn nicht mehr belügen, man muss nicht mehr alles sagen, doch lügen solltest Du auch nicht mehr. Wenn er sich beschwert, dass Du ihm ausweichst, sag ihm nicht mehr, dass Du schlechte Laune hast, sag ihm, dass Du das nicht mehr möchtest, lüge ihn nicht mehr an und opfere Dich nicht mehr.

Dass Du nichts mehr für ihn empfindest, sagt aus, was in Dir vorgeht. Dass Du Dich immer mehr der Wahrheit stellst, dafür danke ich Dir.
Er weiß nun Bescheid, dass er die Wahrheit nicht sehen will, dafür bist Du nicht verantwortlich.
Er hat den Krieg in Dir nie gesehen, doch eins ist gewiss, Kriege sind nur für Verlierer da! Höre auf mit Deinem Krieg, bevor Du daran zerbrichst, Du brauchst keinen Krieg!

Auch Du hast verdient, richtig glücklich zu werden,
auch Du hast nur ein Leben.

Das Leben kann so schnell vorbeiziehen, verschenke keine weitere Zeit mehr.

Es ist genug, und Du weißt es.

Du sagtest, Du würdest Dir wünschen, er würde sich anders verlieben und mit jemand anderem glücklich werden, Du hoffst, dass er von sich aus sagt, dass es keinen Sinn mehr macht, mit Dir zusammenzubleiben, er aber für seine Kinder der Vater bleibt und für sie da ist.
Du hoffst, dass ihr Freunde werden könntet und er Deine Gefühle respektiert. Um dies zu schaffen, müsste er Dich wirklich lieben, dann würde er das schaffen.
Dafür müsste er Rückgrat haben, doch das hat er nicht!

Du jedoch kämpfst sogar, **ohne dass Du ihn liebst**, noch für ihn und versuchst dabei selbst zu überleben und was macht er?
Er sieht es nicht einmal! Sein verletzter Stolz und sein Selbstmitleid sind ihm wichtiger, wichtiger sogar als die Familie???
Nun liegt es an ihm, nicht mehr an Dir!

Darum bitte ich Dich, kämpfe nicht mehr einen sinnlosen Kampf.

Du bist wichtig und wirst es auch immer bleiben!

Mein Traum

ist es auch nicht immer leicht und sind auch einige Entscheidungen nicht schön, so weiß ich doch, dass einiges davon sein soll. Nicht alles muss mir gefallen, darüber verschwende keinen Gedanken. Werde weiter geduldig sein und sehe doch, dass auch wenn Du manchmal ein oder zwei Schritte zurückgehst, Du auch drei oder vier Schritte nach vorne machst.
Auch so kommt man irgendwann ans Ziel!

Mir ist bewusst, dass wir beide, so wie wir füreinander fühlen, dies noch nie durchlebten, und möchte ich Dich auch manchmal ... , so bin ich doch froh, so eine wundervolle Frau meine Frau nennen zu dürfen.

Werde nicht nachlassen, werde nicht aufgeben, bis Du frei in Deinem Herzen bist und wir UNS nicht mehr verstecken müssen.

Dies alles solltest Du mitnehmen, und sollte es Dir mal nicht gut gehen, dann schließe Deine Augen, öffne Dein Herz und Du wirst mich tief in Dir fühlen.

Wünsche Dir und den zwei Hübschen eine schöne Zeit, werde EUCH vermissen, so weiß ich doch, dass ich bald wieder Deine Lippen auf den meinen spüre und wieder in Deine wunderschönen Augen sehe.

Mein Herz

so schwer,
mein Gefühl, sehr stark.
Trage ich dieses Gefühl auch in mir,
so weiß ich doch, tief in mir,
dass es gut für Dich sein wird.

Sende Dir ein Bild von Dir und mir,
nur heimlich und leise in Gedanken.

Es soll Dich begleiten,
es soll immer bei Dir sein.
Halte es fest in Deinem Herzen,
und so wünsche ich Dir eine schöne Woche.

Doch hoffe ich,
dass Du an mich denkst
und trage Dich in meinem Herzen,
bis Du wieder bei mir bist.

Liebes Handy

lass deine Musik erklingen.
Lass mein Herz lächeln.
Höre ich sie klingen,
die Musik, die nur für sie erklingt,
so spüre ich eine Wärme,
die nur sie mir geben kann.
Spüre ich auch Trauer in mir,
vergeht sie, sobald Du erklingst.

Darum bitte ich Dich,
liebes Handy,
erklinge.

Habe es gesehen

während Du vor mir gelegen hast,
meine Hand deinen Rücken berührte,
spürte Wärme in einer kalten Zeit.
Sprach nur ein paar Worte zu Dir,
da habe ich es gesehen,
nur kurz und doch war es da.
Spürte zwar Zweifel und Ängste,
doch spürte ich auch diese Wärme.
Es ergriff mich,
Du wirst nicht wissen,
wie viel Du mir damit gegeben hast.
So weiß ich doch,
egal was auch daraus wird,
dass es doch noch Wärme gibt.
Weiß nicht, wohin es geht und wohin es führt,
weiß nicht, wo ich ankomme,
so weiß ich doch,
dass auch Du mir dieses Bild in meinem Herzen
nicht mehr nehmen kannst!
So schließe ich manchmal meine Augen,
sehe, was ich gesehen habe,
so danke ich Dir in der Stille,
und werde nicht vergessen,
denn ich habe es gesehen,
Dein leises Lächeln!

Ein Licht in der Ferne

es soll mir
auf meinem Weg leuchten.

Für DEIN Leben ...

NIMM ALL DEINEN MUT

Dies soll **KEIN** Trennungsbuch sein
oder eine Anleitung zur Trennung.

NEIN, es soll IHNEN helfen, dass SIE zu Ihrem Leben zurückfinden und SIE zu Ihrem Glück führen, Sie haben nur ein Leben. Mit diesem Buch möchte ich dem ein oder anderen helfen, wieder sein Herz zu öffnen.

Dieses Buch kann vielleicht auch helfen, wieder zueinander zu finden, falls eine Trennung im Raum steht.

Für die Paare, in deren Beziehung die Liebe nicht mehr existiert, soll das Buch Wege weisen, mit jemandem, den Sie lieben, glücklich zu werden, und zwar auch dann, wenn es anfangs für beide Seiten schwer ist.
Befreien Sie sich aus Ihrem Gefängnis, Sie sollten nicht noch mehr Zeit verlieren.
Lieben heißt loslassen, auch ich gehöre mit in das Boot und habe gerade wegen der Liebe losgelassen.

Versuchen Sie nicht zu halten, was nicht gehalten werden darf. Stehen Sie nicht dem Glück des anderen, aber auch nicht Ihrem eigenen Glück im Wege, denn wie soll es dann zu Ihnen finden?

Sie und auch Ihr Gegenüber sind ein Geschenk.

Lieben Sie Ihr Gegenüber aus reinem Herzen, dann finden Sie den Weg zu dieser Person, ist es kein beidseitiges Gefühl, dann ist es, egal wie groß Ihre Liebe auch zu sein scheint, nicht Ihr Glück.
Es wartet dann noch auf Sie, irgendwo an einem anderen Ort.

Ich wünsche **IHNEN** viel Glück auf dem Weg zu sich und Ihrem wahren Glück und verbleibe mit aller Demut und Ehrfurcht vor **IHNEN** als das Geschenk, das **SIE SIND**!

Schon ein merkwürdiges Gefühl

beobachte wie das Wetter wechselt,
von Regen zu Sonne und wieder zurück.
Sehe den Wind, der den Baum bewegt,
um dann wieder in Stille zu verweilen.
So ist es auch in mir.
Es schreit in mir und doch spüre ich die Stille in mir.

Denke gerade an Dich,
mache mir Gedanken, oder machen sie mich?
Weiß nicht so genau.
So viel geht mir durch den Kopf und doch wieder nichts.
Hm, schon ein merkwürdiges Gefühl.

Nein, nicht gedacht zum Beunruhigen,
lasse nur raus, was in mir ist,
dabei weiß ich nicht mal, was es wirklich ist.

Alles kann so schnell vorbei sein,
das weiß ich nun.

Nein, es macht mir keine Angst,
es macht mich nur nachdenklich.
Ein merkwürdiges Gefühl,
und doch ist da noch was, was in mir ist.

Nein, nicht alles dreht sich um Dich,
und doch denk ich an Dich.
Nein, keine Angst, beiß mich nicht an Dir fest.
Nein, ich klammer auch nicht.
Nein, ich denke auch nicht zu weit.

Nur ist es so,
dass mir klar wird, klarer als es vorher schon war,
dass Du mir viel bedeutest.
Nicht der Gedanke, nicht mehr zu sein, macht mich traurig,
es ist die Angst, Dich nicht mehr lachen zu hören
und Dich nicht mehr sehen zu können.

Verzeih mir die Offenheit und ich denke auch nicht zu weit,
auch wollte ich nicht Traurigkeit verbreiten,
doch wollte es aus mir heraus,
dass Du etwas Besonderes für mich bist.

Und schwelge ich gerade auch in Melancholie,
so ist doch wichtig für mich, dass Du es weißt
und wenn Du gerade an mich denkst,
so schicke mir doch ein leises Lächeln,
auf dass ich es in mir tragen kann,
egal wohin ich auch gehe.

Zum Schluss ...

Noch nicht ganz gesund

die Nase noch nicht frei,
so habe ich Dich zuletzt gesehen.
Noch nicht ganz wach, als Du vor mir standest,
im Morgenmantel mit blassem Gesicht,
und doch warst Du wunderschön.
Wie eine zarte Elfe,
mit schwachen Flügeln,
so habe ich Dich gesehen
und wollte Dich in meinen Händen halten.
Könnte ich zaubern,
so würdest Du wieder fliegen.

Habe noch so viel Energie,
habe noch so viel Wärme in mir,
würde sie Dir gerne geben
und weiß doch,
dass ich sie durch die Gefühle zu Dir erst bekam.
Wäre gerne bei Dir,
würde Dich gerne wärmen.
So bin ich in Gedanken bei Dir
und sende Dir meine Wärme,
sie ist aus meinem Herzen entsprungen,
und schließt Du Deine Augen,
so kannst Du spüren, wie sie Dich wärmt,
spürst, wie meine Hände Deinen Nacken streicheln
und meine Lippen Deine zärtlich küssen.
Mit meinem Herzen und meinen Gedanken,
werde ich diese Nacht ganz nah bei Dir sein,
in der Hoffnung, Dich bald wieder zu sehen
und dass Du bald wieder mit Deinen Flügeln fliegst.

Wie in einem wunderbaren Traum ist es,

wenn ich in Deine Augen schaue.
Wie aus Seide ist es, wenn Deine Hände mich berühren.
Wie der Hauch eines Windes, so zart ist es,
wenn Deine Lippen die meinen berühren.
So wie die ersten Sonnenstrahlen die Blumen berühren,
so ist es, wenn wir uns im Tiefsten unseres Inneren begegnen.
Ein Dahingleiten, ein Verschmelzen, so wie die Harmonie bei
einem Sonnenuntergang in den Weiten des Meeres, so ist es, wenn
wir uns vereinen.

Vertrauen, Mut, Glaube und Hoffnung,
so wie die Farben eines Regenbogens,
nicht zu fassen, nicht zu greifen,
doch sind sie da, bewusst und stark,
real und voller Kraft ...

Worte, die voller Poesie, Worte die voller Klang sind,
doch lassen sie nur erahnen, wie sehr ich Dich vermisse.

Habe Deinen Brief gelesen

und bin überglücklich.

Kann es noch nicht ganz glauben, Du warst wirklich da und Du hast Dich geöffnet, ist es wirklich wahr oder träume ich noch? Habe auch Angst, Angst aufzuwachen, Angst, dass es doch nur ein Traum war.
Mein Herz schlägt für Dich und ich halte mich auch nicht mehr zurück, ich lasse mein Herz reden und es redet unentwegt von Dir, Dir meiner Jeanny oder doch meine bezaubernde Hexe ;-)?

Du hast als Wohnsitz mein Herz gewählt und ich lege mein Herz in Deine Hände ...
Angst, danke dass Du Dich ihr stellst und nicht mehr vor ihr wegläufst ...

Weiß gerade nicht, was ich schreiben soll, es scheint alles so, als könnte es das alles gar nicht geben und jedes Wort zu klein, jeder Satz zu wenig und jeder Text zu bedeutungslos im Vergleich zu dem, was ich für DICH Empfinde...
Verzeih mir, ich kann es nicht in Worte fassen, das Einzige, was mir bleibt, ist etwas, was auch mir Angst macht, würdest Du mich nun sehen, wo ich diese Zeilen schreibe, würdest Du sehen, dass ich es genauso meine und genauso empfinde: Ich Liebe DICH ...

Da ist noch was

nur weiß ich nicht, was.
Es ist warm,
so ist mir doch kalt,
es ist hell,
doch sehe ich nicht klar.
Sehe den Wind,
doch fühle ich ihn nicht.
Verdammt, da ist doch noch was.
Geht es mir auch nicht wirklich schlecht,
so fühle ich mich auch nicht wirklich wohl.
Ein betrübtes Gefühl, das mich ergreift.
So spüre ich doch, dass da doch noch was ist.
Versuche zu greifen, versuche zu fassen,
doch fehlt mir noch der Halt.
Habe das Gefühl, als wäre ich nicht ganz da,
egal wo ich auch bin, egal wohin ich auch geh.
Mein Gott, da ist doch noch was.
Sehe Bilder in mir und es wird warm,
spüre wieder den Wind
und fühle wieder Halt.
Eine Träne in meinen Augen verrät mir,
dass da wirklich noch was ist.
Nun weiß ich, was da noch ist,
weiß, dass mir was fehlt.
Die Bilder verraten es mir:
Es ist ein besonderes Lachen, das mein Herz erwärmt.
Es sind wunderschöne Augen, die mich verzaubern.
Es ist eine ganz besondere Haut, die mich schweben lässt.
Es ist ein ganz besonderer Duft, der mich träumen lässt.
So werden die Bilder plötzlich klar,
es sind die Bilder von Dir.
Sie verraten mir, Du fehlst mir ...

PS: Wusste doch, dass da was ist ...

Wie ein zarter Hauch

wie ein vorbeiziehender sanfter Wind,
so zogst Du gestern an mir vorbei.

Gerade da und doch wieder fort.
Habe Dich gerade erst berührt
und konnte Dich gerade erst wieder halten,
so musste ich meine Hände wieder öffnen
und Dich doch wieder gehen lassen.
War es auch eine stille Träne, die in mir floss,
so war es doch eine Träne,
die Du nicht sehen solltest.
Es tat weh,
als Du wieder gingst,
doch war es auch wunderschön,
als Du vor mir standest.
Dein Bild,
das schau ich mir immer wieder an,
Deinen Kuss,
denn spüre ich auch jetzt noch auf meinen Lippen,
Deine Hände,
die fühle ich noch, wie sie mich berührten.
Es war wie ein Zauber,
als ich Deine Augen sah,
es war wie ein Traum,
als ich Deine Haut berührte.
Bitte habe keine Angst vor meinen Gefühlen,
möchte Dich nicht ängstigen,
möchte Dich nicht einengen,
möchte Dich nicht für mich allein.
Sagte mir doch einst jemand: „Zur Liebe gehört Freiheit“,
das ist es, was ich mein.
Möchte Dich nicht besitzen,
doch möchte ich Dich auch nicht mehr missen.
Weiß nicht, wohin unser Weg uns führt,
doch möchte ich Dir nah sein,
ohne Druck und ohne Zwang.
Worte,
die noch zu wenig sind,
Klänge die es auch nur andeuten können,
so sind meine Gefühle zu Dir.
Eine Träne, die fließt, gerade jetzt,
sie ist für Dich,
mehr als sie vermag ich nicht zu sagen.
So halte ich Dich fest,
bis wir uns wiedersehen.

Habe Dich im Traum gesehen

bin Dir dort begegnet.
Konnte es erst nicht glauben,
doch warst Du einfach da.
Wie auf einer Wolke
hast Du vor mir gelegen und schautest mich an.
Deine Augen,
sie waren so klar und so schön, sie fingen mich ein,
Dein Lächeln,
so sanft, es war so vertraut, es war so warm,
Dein Körper,
der schmiegte sich an meinen, und ich spürte uns.
Wie ein Schleier, der uns umgab,
verschmolzen wir zu einem.
Meine Hand strich über Deinen Nacken
und Du schautest mich einfach nur an.
Spürte Deinen Atem ganz nah,
wie er mich umgab.
Langsam kamen meine Lippen Deinen näher
und ich spürte Deine weichen Lippen,
behutsam und voller Gefühl küsste ich Dich.
Spürte keinen Boden mehr,
es war so, als würden wir schweben.
Spürte keinen Widerstand,
als würde es ihn gar nicht geben.
Spürte nur noch eins, DICH ...
Um mich herum und tief in Dir,
so wusste ich nicht mehr,
was war ich und was warst Du.
So wunderschön und in einem Zauber
waren wir gefangen und fühlten uns frei.
Nun bin ich wieder hier und sehe mir Dein Bild an,
schaue Dir in die Augen und fange wieder an zu träumen.
Bin ich auch wieder wach,
so habe ich Dich doch in meinem Traum gesehen,
es ist ein Traum, der aus meinem Herzen kam.

Schau ins Blaue hinein

und fange an zu träumen,
sehe, wie der Wind sie trägt, die kleinen Flügel.
Sehe, wie sie schlagen, sehe wie sie gleiten.
Der Farbe eines Regenbogens gleich,
klarer wie das Meer und heller als das Blau des Himmels,
so verzaubern sie mich immer wieder aufs Neue,
so fangen sie mich ein.
Sie tun mir so gut,
sie schenken mir wieder Mut,
doch habe ich auch Angst,
Angst davor,
dass er wieder fortfliegt,
mit seinen kleinen Flügeln
und ich ihn nicht halten kann.
Ist meine Angst auch groß,
so ist mein Mut doch größer.
So träume ich weiter und beobachte ihn.
Sehe weiter, wie der Wind ihn trägt,
könnte ich doch nur mit ihm fliegen.
Nun ist er mir ganz nah und schaut mich an.
Was auch kommen mag,
so träume ich doch weiter und genieße sie,
und hoffe,
sie noch oft zu sehen,
Deine blauen Augen,
so sehe ich doch den Schmetterling in Dir.

Weiß nicht, wie ich es Dir sagen soll,
so bleibt mir nur eins zu sagen: danke.

Habe Deinen Kummer gesehen

und war erschrocken.
Habe Deinen Schmerz gefühlt,
und bekam Angst.
Habe Deine Tränen gespürt,
sie taten weh.
Habe oft in Deine Augen gesehen,
war es auch nur in Deinem Bild,
sie haben mich verzaubert.
Habe Dein ´Lächeln gesehen,
es ist voller Wärme und Liebe.
Habe Deine Lippen gesehen,
voller Zärtlichkeit.
Habe DICH gesehen,
und mein Herz weinte,
doch waren es keine Tränen der Trauer,
es waren Tränen der Hoffnung,
denn ich habe Dich gefunden!!!
So sei Dir gewiss,
möchte nicht mehr fort von Dir,
möchte nicht mehr,
dass Tränen, die weh tun,
Deine Augen verlassen,
möchte nicht mehr,
das Du Dein Lächeln verlierst.
Möchte den Schmetterling,
der in mein Herz geflogen ist,
nicht mehr verlieren.

Habe sie gehört, die stillen Schreie

Bist Du auch auf der Flucht vor Dir und somit auch vor mir,
und bin ich auch innerlich zerrissen,
so schließe ich meine Augen,
denn so sehe ich Deine wunderschönen Augen,
spüre Deine sanften Berührungen,
fühle Deine zärtlichen Küsse,
rieche Deine bezaubernde Haut und genieße diesen Duft,
höre Deinen Atem ganz nah an mir.

Ich spüre Dich.

Tief in meinem Herzen Du Dich immer wieder finden wirst,
tief in mir Du immer ein Teil von mir sein wirst.
und auch wenn ich Tränen in meinem Herzen spüre,
so habe ich doch auch ein Lächeln auf meinen Lippen,
denn ich sehe Dich wie einen Adler fliegen,

weit oben am Himmel und frei ...

So wünsche ich mir so sehr, dass Deine Flügel wieder heilen,
und Du auf Deiner Reise findest, was Du suchst.
Ich wünsche Dir alles Glück auf Deinem Weg,
wohin er Dich auch führen mag.

DENN:

Bin für Dich da, wenn Du mich brauchst.

Höre die Musik und denke an Dich

lausche den Klängen und schließe meine Augen.
Sehe, fühle, spüre und rieche Dich,
es kommt mir vor wie in einem Traum.
Sehe noch, wie Du in meinen Armen gelegen hast,
schlafend, friedlich und unsagbar schön.
Sehe die Bilder immer wieder vor mir,
tief in mir spüre ich Dich.
Weiß nicht, was Du mit mir gemacht,
weiß nicht, welchen Zauber Du über mich gelegt hast,
nur bitte ich Dich, höre nicht damit auf.
War es auch schwer, Dich nicht zu küssen,
und war es auch ein ständiger Kampf immer und immer wieder,
so war es doch wieder eine wunderschöne Zeit.
Vergingen auch Stunden wie Sekunden,
möchte ich keine davon missen
und werde den Weg zu Deinen Lippen wieder finden
So halte ich an den Bildern fest,
bis WIR uns wiedersehen.

Verzeih mir, wenn ich Dir gesteh.

Leise und still ging er vorbei

Nichts ist geschehen,
die Wolken zogen vorbei und die Stunden verrannen,
als wären sie nicht gewesen.

War die ganze Zeit zu Hause
und lebte vor mich hin.

Doch warum ging er dann so schnell vorbei?
Es lag wohl daran,
dass ich nicht ganz bei mir war.

Meine Gedanken und meine Gefühle waren den ganzen Tag fort,
sie suchten die Wärme,
sie suchten die Harmonie,
sie suchten das Verschmelzen,
und mir wurde klar, sie suchten nach Dir.

So war ich im Herzen doch immer bei Dir.

Denke an Dich und sende Dir einen LZK

Ich sitze hier und weine

weiß nicht mehr, wohin,
weiß nicht mal mehr, wer ich bin.
Versuche nur die Zeit totzuschlagen
und weiß nicht mal mehr, warum.
Weder vor noch zurück,
kein nach vorn, kein zurück.
Leerlauf und das ohne Sinn.
Tränen, verloren, und doch vielleicht nur verlaufen.
Ängste, hingenommen, angenommen und doch nicht verstanden.
Wo bin ich nur, was mache ich hier?
Warum bin ich überhaupt?
Bilder der Vergangenheit, sie töten mich,
vielleicht ist es sogar dafür schon zu spät.
Du verfolgst mich,
nicht bewusst, doch Du weißt es!
Lüge nicht, das ist schon zu oft geschehen.
Weiß nicht mehr, wo ich hingehöre,
weiß nicht mehr, was ich suche,
weiß nicht mal mehr, ob ich suche.
Weiß nur, was mein Herz spürt
und weiß doch nicht, wie ich es überstehen soll.
Ein verlorenes Herz, mehr ist es nicht,
doch hatte ich nur das eine.

Wenn ein wahrer Mann eine Frau liebt,
so wird es nicht vergehen,
er weiß nur nicht,
wie soll er das überstehen?

So bleibt nur der Traum, doch sitze ich hier und weine,
denn es war „mein Traum"...

Auch wenn es regnet

so scheint doch wieder die Sonne in meinem Herzen,
auch wenn es draußen kalt ist,
so ist mein Herz doch wieder voller Wärme.

War ich auch verschlossen
und bin ich auch noch voller Unsicherheit,
so hast Du den Schlüssel zu meinem Herzen gefunden.

Bin kein Gott und bin auch nicht fehlerfrei,
so hoffe ich, Du wirst Geduld mit mir haben.

Angst davor, wieder verletzt zu werden,
Angst davor, Fehler zu machen und wieder zu fallen,
wieder ein Sturz, der nicht zu enden scheint.

Voller Angst und Wunden mein Herz auch ist,
so wage ich durch Dich, wieder mich zu sehen,
so wage ich durch Dich, gegen den Strom zu drehen,
so wage ich durch Dich, wieder hier zu sein.

So wage ich es auch,
wieder jemanden an mich heranzulassen

Einen Spiegel, in den ich schau, durch Dich.

Kann nicht zeigen, wie gut Du mir tust,
weil keine Tat ausreichend erscheint.
Kann Dir nicht sagen, was Du in mir bewirkt hast,
weil Worte hier nicht reichen.

Sitze hier und sehe in die Ferne

der Wind streichelt über mein Gesicht,
fühle, wie die Regentropfen an mir hinabgleiten.
Bin hier oder vielleicht auch nicht,
bin mir nicht sicher.
Ein Blatt schwebt dahin,
ich beobachte es und lege meine Gedanken hinein,
es nimmt sie mit auf seine Reise.
Erst fliegt es nach hier, dann langsam fort,
es sucht einen bestimmten Ort.
Der Wind scheint es zu tragen,
das Blatt mit meinen Gedanken.
Der Wind und meine Gedanken,
doch nun bekomme ich Angst,
sehe welche Gedanken es sind
und spüre die Sehnsucht in mir.
Sehe in die Ferne und suche den Halt.
Nun erkenne ich, welche Gedanken mitschweben,
sehe, welchen Ort der Wind sucht,
sehe, was meine Gedanken sind,
sie sind ein Bild,
es ist das Bild von Dir,
ich sitze hier
und mir wird klar,
ich sehne mich nach Dir.

Wie der Wind auch weht

so ziehen am Himmel die Wolken vorbei, als wäre alles einerlei.
Wie der Wind auch weht,
so bewegt sich alles, als wolle es mit dem Winde ziehen.
Wie der Wind auch weht,
so vergeht die Zeit, als wäre sie dazu bereit.
Wie der Wind auch weht,
wie die Wolken auch ziehen,
wie alles dahingleitet,
wie die Zeit auch vergeht,
so ziehen auch die Gedanken ihre Kreise.
Sie gleiten und träumen,
sie schweben und tanzen,
sie sind da und doch nicht zu greifen.
Der Wind mich streichelnd berührt,
die Gedanken sich mit dem Winde vereinen.
Und wieder ertappe ich mich dabei,
wie beide wieder ihr Spiel mit mir spielen.
Sie umgeben mich und ich komme nicht umhin zu spüren,
wie mich ein kleines Lächeln umgibt.
Und wieder genieße ich ihr Spiel,
wie sie sich offenbaren
und wie ein kleines Kind verzaubernd sich vermischen.
Sie sind umgeben von Wärme und Zärtlichkeit,
von Freiheit und doch Gemeinsamkeit,
von Liebe und Geborgenheit.

Es sind wieder Gedanken,
die Bilder meines Innersten zeigen,
es sind wieder die Gedanken an Dich.
Nur eins bleibt zurück:
Deine sanfte Stimme,
wie sie leise an meinem Ohr flüstert,
sie fehlt mir.

Ein Buch der Hoffnung, Liebe und Zuversicht

Ich weiß nicht, ob ich Ihnen mit dem, was ich hier geschrieben habe, helfen konnte, oder ob Sie das eine oder andere für sich nutzen können. Wenn der Weg auch nicht immer einfach ist, so glauben Sie mir: SIE sind es wert. Verarbeiten Sie die Vergangenheit, leben Sie in der Gegenwart und bauen Sie so Ihre Zukunft und vielleicht auch die Ihrer Kinder. Finden Sie zu sich zurück und so auch wieder zur Liebe, werden Sie wieder berührbar und lassen Sie die Liebe wieder zu. Es funktioniert!
Noch eine persönliche Bemerkung: Das Buch war bereits geschrieben, aber noch nicht ganz zusammengestellt, da hat sich auch für mich wieder bewiesen, dass das, was ich geschrieben habe, Wahrheit werden kann. Somit bedanke ich mich bei der Frau, die mein Leben bereicherte und sie hat bewiesen, dass der Inhalt, zuerst zu sich und somit zur Liebe zurückzufinden, der richtige Weg ist, so möchte ich auch Ihnen Mut machen, sich wieder zu öffnen und das Glück zuzulassen.
Darum widme ich die nächsten Seiten einer für mich ganz besonderen Frau; mein Dank gilt Dir Heike, meiner Zm.
Ich wünsche Dir von Herzen alles Gute und hoffe, das wohin Dich Dein Weg auch führt, Du Dein Glück findest.

Was hast Du getan?

Bin gerade in der Veränderung,
nun ist mein ganzes Leben nicht mehr das, was es war
und es ist so wunderschön.

Was machst Du nur mit mir?
Du hast mich gefangen, verzaubert,
alles dreht sich und schwebt.

Was geschieht hier?
Könnte die ganze Welt umarmen,
doch habe ich eine Träne im Auge.
Eine Träne, die mir sagt,
ein Engel hat sich verflogen,
verflogen zu mir.

Habe nicht geglaubt,
habe nicht gewagt zu träumen,
habe mich nicht getraut, nach vorne zu schauen.
Nun ist nicht nur ein Engel hier unten gelandet,
er hat den ganzen Himmel mitgebracht.

Weiß nicht, wie es geschehen ist,
weiß nicht wirklich, was gerade passiert,
so bleibt mir nur, dem Engel danke zu sagen,
dafür, dass er mir wieder Hoffnung gab,
dafür, dass er mich wieder träumen lässt,
dafür, dass er mir meinen Glauben wieder zurückgebracht hat.

Ich danke diesem Engel dafür, dass sie da ist,
ich danke Dir, meine Zaubermaus,
weil Du dieser Engel bist!!!

Bin ich auch hier, so fehlt da etwas.

Bin ich auch hier, so fehlt da etwas.
Scheint auch die Sonne, so nehme ich sie kaum wahr.
Bin ich auch hier, so sind meine Gedanken doch bei Dir.
Doch möchte ich nicht klagen und auch nicht verzagen.
So flüstert mein Herz Dir zu:
Du fehlst mir!

Nun bist Du fort und die Wohnung ist leer.
Habe ich bisher auch allein gelebt,
so ist es, als ob die Wärme mit Dir mitgefahren ist.
Ein Gefühl von Einsamkeit bleibt zurück,
doch ich bin glücklich,
zwar bist Du gerade gefahren,
doch in mein Herz eingezogen,
so wirst Du diesen Ort immer Deinen nennen können.
Bist Du nun auch weit fort,
so werde ich Dich tief in mir festhalten,
bis wir uns wiedersehen.

Sende Dir einen zärtlichen Kuss
und wünsche Dir einen schönen Traum,
einen Traum von Geborgenheit und Zuversicht,
von Wärme und Liebe.
In diesem Traum, da findest Du mich,
denn er sagt für mich: Ich liebe Dich.

Wie konnte das nur geschehen, was habe ich nur getan?!

Aus Angst, einen Engel zu verlieren, habe ich seine Flügel eingeengt.
Das habe ich nicht gewollt, wie konnte das nur passieren?!

Der Engel hat sich gewehrt, hat seine Flügel wieder befreit,
er hat sie wieder ausgebreitet und ist doch nicht davongeflogen.

Verzeih mir, ich habe es nicht verstanden,
habe meine Gefühle zu Dir nicht mehr greifen können.
Macht Liebe auch blind, so habe ich mich darin verlaufen
und war blinder denn je.
Ein Schmerz, Dich zu verlieren, der so groß war,
ich habe die Kontrolle verloren,
dabei wollte ich Dich nicht besitzen, was habe ich nur getan?!
So bitte ich diesen Engel um Verzeihung,
so bitte ich Dich, mir zu vergeben und mich nun zu verstehen, denn
ich habe es eingesehen.

Du hast Deine Flügel ausgebreitet, doch bist nicht abgehoben,
bereit davonzufliegen, hast Du nur gewartet und überlegt.
Bereit, den Wind wieder unter den Flügeln zu spüren,
bliebst Du doch hier unten und hast mir die Hand gereicht.

Nun ist es eine Träne, die fließt, sie fließt für Dich.
Tief in mir schreit es voller Angst, Dich Engel zu verlieren,
werde ich nicht mehr meinen Ängsten nachgeben,
werde nicht drängen, werde nicht mehr klammern.
Weiß ich auch noch nicht, wie ich mit einem Engel wie Dir
umgehen kann,
weiß ich auch noch nicht, wie ich Dir gegenübertreten kann,
so habe ich doch gelernt und werde Deine Flügel nicht mehr
einengen.
Kein Klammern, kein Festhalten mehr, halte meine Hände geöffnet
für Dich.
So werde ich nicht halten, was nicht gehalten werden darf,
doch werde ich für Dich da sein, so dass niemand mehr Deine
Flügel berührt,
so werde ich dafür sorgen, dass Du immer frei fliegen kannst,
wohin Dein Herz Dich auch trägt.

Weiß ich auch noch nicht wirklich, wie ich mich bei einem Engel wie
Dir verhalten soll,
so bitte ich Dich geduldig, mit mir zu sein, bitte ich Dich, mir zu
zeigen wie Engel fliegen.

Mit Hoffnung und neuem Mut ich Dir nun begegne,
danke Dir, dass Du nicht davongeflogen bist und schenke Dir alles,
was ich habe, meine Tränen.

Mein Blatt

Nichts fixierend, nicht wirklich etwas wahrnehmend, hing ich in meinen Gedanken fest, was um mich herum geschah, verlor an Wichtigkeit. So verging eine Zeit, bis ein Stimme zu mir sprach:
„Warum siehst Du es nicht, warum hast Du solche Angst?"
Erschrocken und verwirrt schaute ich in die Richtung, aus der die Stimme kam, und sah in das Gesicht eines alten Mannes. Ohne nachzudenken, noch halb in meinen Gedanken gefangen, antwortete ich: „Weil es größer ist, als es jemals war, größer als ich es je zu erhoffen gewagt hätte." Verwirrt über meine eigene Antwort, schaute ich den alten Mann an, unfähig irgendetwas zu sagen.
„Es ist schön, zu sehen, wie es in Dir aussieht, ein faszinierendes Bild. Du siehst fragend aus, doch höre ich Deine Frage nicht."
„Was geschieht hier gerade?" fragte ich.
„Du fragst Dich gerade, wer ich alter Mann bin. Im Grunde weißt Du es, und doch ist es nicht von großer Bedeutung. Du fragst Dich, woher ich weiß, was in Dir vorgeht, doch ist nicht wichtig, woher ich das weiß. Es ist jedoch wichtig, was Du fühlst und dass Du Dich Deinen Ängsten stellst."
„Das werde ich, doch noch verstehe ich es nicht. Meine Gefühle überschlagen sich, Zweifel quälen mich, jedoch nicht über meine Gefühlen, sondern ich habe Zweifel, ob das alles real ist. Ich liebe sie, mehr als ich je liebte, alles was war, ist nicht mehr wichtig, es ist vorbei. Habe schon geliebt, habe schon viel empfunden, doch sie schaut mich an, und ich spüre zwei Herzen im selben Rhythmus schlagen. Hatte schon viele Gefühle, mal die einen, mal andere, dann wieder andere und alle waren sie mir wichtig. Sind wir zusammen, dann spüre ich einen Zauber, den ich nicht kannte. Nun spüre ich alles auf einmal und habe Angst, dass es mich niederschmettern könnte. Sie schaut mich an, lächelt und ich spüre Vertrauen und Zuversicht, Hoffnung und Glauben, Zweisamkeit und Nähe, Rücksicht und Verständnis, Wärme und Ehrlichkeit, Geborgenheit und Sicherheit, ich fühle Harmonie. So

kenne ich es noch gar nicht."
„Junger Mann, das ist, was man Liebe nennt."
„Ich kannte die Liebe doch auch schon vorher, habe schon geliebt, nur nicht so radikal. Es macht mir Angst, da ich auch den Schmerz, den die Liebe mit sich bringen kann, kenne. Es tat schon immer weh. Je größer die Liebe war, desto schmerzvoller war die Trennung."
Mein Kopf wurde schwer und ich ließ ihn langsam sinken „So wie ich jetzt spüre und fühle, macht es mir Angst. Wie kann so viel in einem Herzen Platz finden, wie kann so viel Schönes in einem zarten, 1,60 m großen Wesen vereint sein? Das muss doch Zauber sein. Warum erzähle ich Ihnen das alles?"
„Weil Du liebst und Angst hast und Du nach einer Lösung suchst, dabei ist sie schon da."
Nun schaute ich wieder den alten Mann an: „Wie meinen Sie das?"
„Du suchst mit dem Verstand, deswegen kannst Du es nicht sehen, suche in Deinem Herzen, dort liegt Deine Antwort, die Antwort, nach der Du suchst."
Stille kehrte ein, alles wurde ruhig, dann sagte er: „Öffne Deine Hände!"
Ich schaute zuerst ihn an, dann auf meine geschlossenen Hände und öffnete sie langsam. In meinen Händen lag mein Blatt, es war leuchtend grün und ich spürte in meinen Händen ein Herz schlagen. Eine Träne aus meinen Augen tropfte auf das Blatt und tränkte es, nun schien das Grün noch intensiver zu strahlen.
Der alte Mann schaute sich das an und fragte: „Wer ist sie?"
„Sie ist mein Engel, sie ist meine Zaubermaus."
„Nun, siehst Du es?" „Ja ich sehe es."
„Hast Du noch Angst?"
„Ja, doch werde ich mich ihr stellen und nicht nachgeben."

„So ist es richtig, habe nichts anderes erwartet". Ein Blatt, das auf dem Boden lag, wurde vom Wind angehoben und flog in die geöffneten Hände des alten Mannes, als gehörte es genau dort hin.

„Nun habe ich wieder mein Blatt, es ist Dein und ihr Werk, dank Euch und dank den Gefühlen, die in Euch sind. Du sagtest einst DANKE zu mir, doch ich habe zu danken für die Hoffnung, die ich einst verlor. Jetzt weiß ich, dass der Baum des Lebens wieder blühen wird."

Wir schauten wieder den Baum an, er blühte und gedieh, ich schaute in meine Hände, sah das Blatt, eine weitere Träne der Hoffnung tränkte und kräftigte mein Blatt, ich sah darin mich und Dich.

Heiko Szczepanski

geboren am 26.09.1967
wohnt in Köln

Nach einer Erkrankung 1995 habe ich mich im Zuge meiner Genesung der fernöstlichen Heilkunst zugewandt.
Hierbei entstand auch mein Lebensmotto:
„Es ist dein Leben, also nimm all deinen Mut“
Dies half mir, manch schwierige Lebensphase durchzustehen.

Auf Grund dieser Erfahrungen und neuen Lebenseinstellung habe ich mich bei der Planung meiner beruflichen Zukunft voll und ganz auf den Gesundheitsbereich konzentriert.

Mein beruflicher Werdegang von 1995 bis 1999:

- Shiatsu-Praktiker und -Ausbilder
- Tai Chi Chuan – Formlehrer (Wu-Stil nach Meister Ma Jiang Bao)
- Personal Fitnesstrainer
- Entspannungstrainer
- Psychologischer Berater

2009 habe ich eine Ausbildung zum Heilpraktiker begonnen.

Über den Autor

Was mich bewegt hat, dies zu schreiben, sind eigene Erfahrungen im privaten als auch im beruflichen Umfeld. Ich habe erkannt, dass Angst, Vereinsamung und Beziehungskälte in heutiger Zeit ein stetiger Begleiter im Alltag vieler Menschen sind.
Oft sind auch unsere Kinder die unschuldigen Leidtragenden der o. g. Lebensumstände. Aus diesem Grunde entstand die Idee, den Gewinn an hilfsbedürftige Kinder weiterzugeben.

Das Buch selbst jedoch soll dazu beitragen, dass die Menschen wieder neuen Lebensmut fassen, Selbstvertrauen aufbauen, um Beziehungen kämpfen und die damit verbundene Liebe pflegen.
Sie sollen die Liebe und Partnerschaften wieder zu lassen und diese als wichtiges Element gemeinsamen Lebens anerkennen und Konsequenzen ziehen, wo diese in einer Partnerschaft notwendig sind.

Über Ihre persönliche Meinung zu diesem Buch würde ich mich sehr freuen!

heiko.buch@gmx.de
www.gesundheitstrainer.biz

Jürgen Oster

„Fotografie ist für mich die Faszination des bewussten Sehens. Fotografie eröffnet mir ein weites Feld für exzessive Kreativität. Fotografie erlaubt mir, in Virtualität einzutauchen, wieder aufzutauchen, um mir dann mit meinen Kompositionen eine eigene Welt zu schaffen."

EDV-Betriebswirt/Wirtschaftsinformatik
Fotografie seit 1977

Mitglied:
Kunstverein Rhein-Sieg
Initiative Kunst Hennef
BBK Bonn, Rhein-Sieg
ARS PORTA International

Ausstellungen:
Zahlreiche Einzel- und Gruppenausstellungen im In- und Ausland

Kontakt:
E-Mail: oster.fotografie@t-online.de
Internet: www.oster-fotoart.de

Lothar Woito

„Fotografie ist für mich eine Form der Kunst. Kunst wiederum bedeutet für mich, Motive so darzustellen, dass sie dem Betrachter neue Sichtweisen ermöglichen.

Kunst schafft Veränderung. Aus dem Alltäglichen das Besondere herauskristallisieren, Perspektiven verändern und Horizonte erweitern. Kunst mahnt zu Offenheit und Toleranz. Dabei sind Kamera und Licht die Werkzeuge des Fotografen, Mittel zum Zweck.“

Studium Fotografie an der neuen Kunstschule Zürich
Ausgebildeter Fotograf seit 1997
Anerkannter Künstler durch Künstlersozialkasse seit 2001
Fotografenmeister seit 2005, Handwerkskammer Düsseldorf

Diverse Ausstellungen

Kontakt:
E-Mail: lotharwoito@web.de
Internet: www.lothar-woito.de

Mit Respekt verneigen sich Jürgen, Lothar und ich
und danken allen weiteren Helfern bei diesem Buch!
Danke, dass IHR mir und den Kindern geholfen habt,

IHR seid die Größten!

DANKE:

Grafik-Fee

„In einigen Situationen des Lebens braucht man Feen. Und glaubt man fest an sie, erscheinen sie auch. Man muss nur genau hinsehen."

Martina Müller

Sie lebt als Lektorin und Texterin mit ihren zwei Hunden am Rande von Köln.

Germanistin und Theaterwissenschaftlerin, Ghostwriter für diverse Management-Publikationen und Journalistin. Seit drei Jahren auch Autorin für die Bühne

„Ich habe Heiko Szczepanski über eine gemeinsame Bekannte kennen gelernt und fand sein Idee faszinierend, ein Buch zu schreiben, um damit ein spezielles Projekt zu unterstützen. Ich habe spontan zugesagt, zumal ich im Berufsalltag sehr wenig mit philosophischen und psychologischen Fragestellungen in Berührung komme und weil hier einmal nicht der Profit im Vordergrund steht."

Kontakt:
E-Mail: Mmtextwerkstatt@t-online.de

Nadine Flamm

Studentin der Rechtswissenschaft seit Winter 2007 an der Universität zu Köln; studentische Hilfskraft im Institut für ausländisches und internationales Strafrecht seit August 2008. Danke für die erste Korrekturlesung.

Sponsoren

Mein besonderer Dank gilt allen Unterstützern und Sponsoren, die es erst möglich gemacht haben, dieses Buch herauszubringen, und so einen wichtigen Beitrag geleistet haben, Kindern zu helfen.

MASCHINEN- UND METALLBAU
RESPONDECK GmbH & Co. KG

Maschinen- und Metallbau Respondesck
www.mmr-goseck.de

Aladino Entertainment

Alissa & Astro Aladino
Zauberkünstler
www.trickserei.de

---

closeupkuenstler.de

Susanne Hesseln
Walkacts
www.closeupkuenstler.de

Nikola Schütte
Fachärztin für Allgemeinmedizin
und Naturheilverfahren

Nikola Schütte
Fachärztin
www.hausarzt-praxis-koeln.de

Engels Sports
Christoph Engels
www.engels-sports.de

DNS-TV
Michael Bille
www.dns-tv.de

St.Martin Apotheke
Ludwig Schramm

Röbke GmbH
Fred Röbke
www.roebke.de
info@roebke.de

Salubritate
Medical Event Consulting
www.salubritate.de
salubritate-wienecke@web.de

Markus Weis
www.osteopathie-sport.com

COF Center of Fitness GmbH & Co. KG
Langerwehe
info@cof-fitness.net
www.cof-fitness.net

Naturheilpraxen - Königsdorf
Frank Gerlach, Ute Lambertz
www.naturheilpraxen-koenigsdorf.de

WWK Versicherung
Marina Gottschalk

Dr. Robert Gammersbach
Zahnarzt, Düren

---

www.julius-dueren.de

Der Erlös

dieses Buches kommt zu 100% den nachstehenden Organisationen zu Gute:

Deutscher Kinderhospizverein e.V. Köln,
Förderverein für krebskranke Kinder e.V.
FRIEDENSDORF INTERNATIONAL mit Sitz in Oberhausen

Ambulanter Kinderhospizdienst Köln

Deutscher Kinder hospiz verein e.V.

Subbelratherstr. 15b
50823Köln
0221/5691985
www.koeln.deutscher-kinderhospizverein.de
koeln@deutscher-kinderhospizverein.de
Kölner Bank
Konto-Nr.: 929933001
BLZ:37160087

Der Ambulante Kinderhospizdienst Köln begleiten lebensverkürzend erkrankte Kinder und deren Familie von der Diagnose im Leben und im Sterben und über den Tod der Kinder hinaus.

Die Begleitung der Familien erfolgt durch geschulte ehrenamtliche MitarbeiterInnen und orientiert sich am Bedarf der Familien.

Die Verbesserung der Lebensqualität der lebensverkürzend erkrankten Kinder und deren Familien ist unser Ziel.

Alle Angebote, die für die Familien kostenfrei, entstehen aus den Bedürfnissen der Familien.

Wir verstehen uns als Team indem jeder seine persönliche Kompetenz mit einbringt, die lebensverkürzend erkrankten Kinder, Geschwister, Eltern, Ehrenamtliche- und Hauptamtliche MitarbeiterInnen.

Förderverein für krebskranke Kinder e.V.

Förderverein für
krebskranke Kinder e.V. Köln

Gleueler Straße 48
50931 Köln
foerderverein@krebskrankekinder-koeln.de
www.krebskrankekinder-koeln.de

Wir sind eine unabhängige Initiative von Eltern, deren Kind an Krebs erkrankt war oder ist. Im Jahr 1990 haben wir uns im Förderverein für krebskranke Kinder e. V. Köln zusammengeschlossen.

Unser Ziel: Die Lebenssituation und das Umfeld der kranken Kinder und Jugendlichen sowie ihrer Familien nachhaltig zu verbessern.

Als Selbsthilfegruppe geben wir eigene Erfahrungen weiter und stehen den aktuell Betroffenen zur Seite. Unterstützt wird Klinikum der Universität zu Köln, Zentrum für Kinderheilkunde und Jugendmedizin, Kinderonkologie und Hämatologie

FRIEDENSDORF INTERNATIONAL

Hilfe für Kinder aus Kriegs- und Krisengebieten

Postfach 140 162, 46131 Oberhausen
Lanterstr. 21, 46539 Dinslaken
Tel.: 02064-49740, Fax: 02064-4974 999
E-Mail: info@friedensdorf.de, www.friedensdorf.de

Die Hilfsorganisation FRIEDENSDORF INTERNATIONAL mit Sitz in Oberhausen und Dinslaken wurde im Juli 1967 als Bürgerinitiative gegründet, um kranken und verletzten Kindern aus Kriegs- und Krisengebieten schnelle und unbürokratische Hilfe zu leisten. Viele engagierte BürgerInnen, Unternehmen und Verbände beteiligten sich am Bau des FRIEDENSDORFES in Oberhausen.

Schon kurz darauf holte der Verein die ersten schwer verletzten Kinder aus Vietnam zur medizinischen Behandlung nach Deutschland. Es folgten Opfer aus über 50 Ländern, darunter Afghanistan, Angola, dem ehemaligen Jugoslawien und Kambodscha.
Für diese Kinder war und ist die Behandlung in Europa oft die letzte Überlebenschance. Zahlreiche Krankenhäuser arbeiten mit dem FRIEDENSDORF zusammen und übernehmen kostenlos die stationäre Behandlung. Danach werden die Kinder zur Rehabilitation in der Heimeinrichtung des FRIEDENSDORFES aufgenommen, bevor sie wieder in ihre Heimatländer zurückkehren. Im Rahmen dieser Einzelfallhilfe betreut FRIEDENSDORF INTERNATIONAL ständig bis zu 300 Kinder aus durchschnittlich 10 Nationen. In den letzten Jahren konnten so pro Jahr rund 1.000 Kinder versorgt werden.

Daneben helfen weltweite Projekte, die medizinische und humanitäre Versorgung in Kriegs- und Krisengebieten zu verbessern. FRIEDENSDORF INTERNATIONAL baut Friedensdörfer, Basisgesundheitsstationen, Orthopädiewerkstätten etc., fördert sie finanziell und logistisch und übergibt sie dann in die Verantwortlichkeit der Partnerorganisation vor Ort. Container- und LKW-Transporte bringen ständig Hilfsgüter in die Partnerländer.
In einem dritten Arbeitsfeld fördert die friedenspädagogische Arbeit des FRIEDENSDOF BILDUNGSWERKES humanitäres Bewusstsein und soziales Engagement.

Die Arbeit von FRIEDENSDORF INTERNATIONAL ist als mildtätig anerkannt und finanziert sich fast ausschließlich aus Spenden. Das DZI-Spendensiegel bestätigt einen verantwortungsvollen und effektiven Umgang mit den Spenden.

Heiko Szczepanski

IN LIEBE

„Wie Yin und Yang, das Symbol der Liebe,
in Beziehung, in Freundschaft.
Das eine bedingt das andere.
Um diesen Einklang, um dieses Verständnis
geht es in diesem Buch.
Gegensätze und Gleiches sind im Wandel,
sie finden zueinander.
Mit diesem Buch möchte ich helfen,
zurück zur Herzensliebe zu finden –
ob in Beziehung oder Freundschaft.“

68 Seiten,
ISBN-13: 9783831113538
ISBN-10: 383111353X

Fotos und Montagen: Jürgen Oster, Lothar Woito

Druck: Fuldaer Verlagsanstalt GmbH & Co. KG, Fulda

Verlag: Verlagshaus Schlosser, 86316 Friedberg, Germany
E-Mail: Support@Verlagshaus-Schlosser.de
www.Verlagshaus-Schlosser.de
www.VS-Media-Shop.de

978-3-86937-022-4

Dank sage ich aus tiefstem Herzen Euch,
die der Grund für meine Entscheidung waren,
alle Gewinne dieses Buchs den Kindern zu spenden.
Danke Dir Sophia und Danke Dir Luisa,
werde immer an Euch denken und Euch vermissen.